Memories
of a
Different
Time

Jugendliche zwischen
Lockdown und Lockerungen

Memories of a Different Time

Jugendliche zwischen Lockdown und Lockerungen

Johannes-Kepler-Gymnasium
Reutlingen **Geschichte-AG**

Oertel+Spörer

Inhaltsverzeichnis

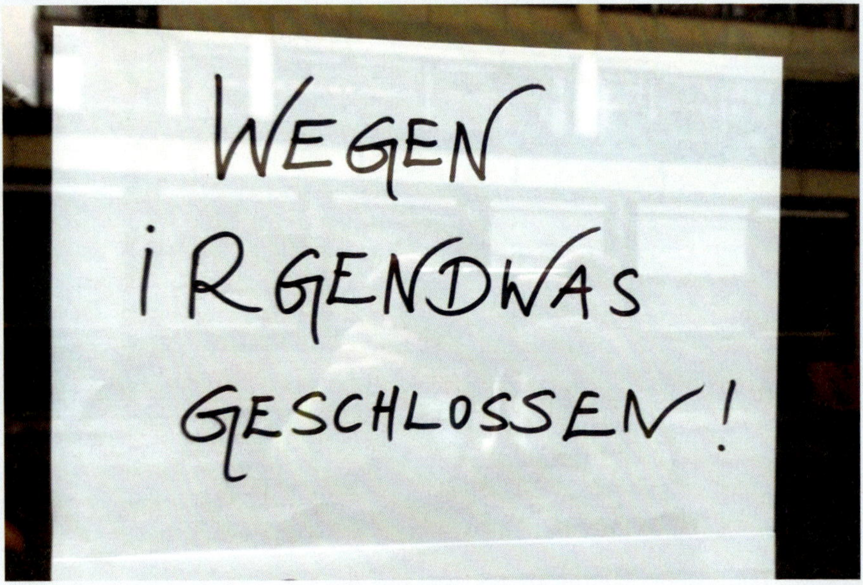
WEGEN
IRGENDWAS
GESCHLOSSEN!

*»If you're going through hell,
keep going.«*

– Winston Churchill –

Prolog

16. März 2021

Wir schreiben das Jahr 2021 nach Christus, ein Jahr, in dem viele Läden geschlossen werden, Schulen zumachen, die Schüler von zu Hause Unterricht haben, keiner in den Urlaub kann und die Großstädte, die einst jedes Wochenende voller Menschen waren, sind heute nichts mehr. Geisterstädte. Kein Mensch traut sich mehr raus.

Wozu? Man kann nichts machen. Man ist von der Außenwelt komplett isoliert! Kein Kontakt mehr zu anderen Leuten, Freunden oder Kollegen. Geschweige denn zu Veranstaltungen wie Theater oder Konzerten. Und das alles nur wegen Corona.

Es beherrscht unsere Welt unter den verschiedensten Namen: Corona, Covid-19, SARS-CoV-2 und vie-

len weiteren. Aber Corona ist keinesfalls ein König oder ein Diktator, der die ganze Welt in Schutt und Asche legen will. Sondern eine Krankheit, die jetzt schon seit mehr als eineinhalb Jahren auf der gesamten Welt wütet. Doch gehen wir erst mal zurück zum Anfang. Am 25. Februar 2020 wurde hier die erste Infektion mit Covid-19 bekannt. Danach ging alles ganz schnell. Die Schulen wurden geschlossen, Schüler hatten Homeschooling. Alle Läden machten zu, nur der Einzelhandel des täglichen Bedarfs durfte weiterhin offen bleiben. Es gab überall in Deutschland hektische Leute, die nach einer Warn-App gesucht, nach einem Impfstoff geforscht oder nach Tests Ausschau gehalten haben. Und inmitten dieser ganzen Menschen, gab es eine recht große Gruppe, die wir »die Hamsterer« nennen. Der Name sagt schon sehr genau, was sie gemacht haben. Sich wie Hamster verhalten. Wie das möglich ist? Naja, sie hielten es für hochintelligent, einfach die verschiedensten Sachen in großen Mengen aus den Regalen der Läden zu kaufen. Im Fokus standen Mehl, Nudeln, Hefe und Klopapier.

Wer hätte es jemals gedacht, dass sich Menschen fast darum prügeln, wer das Klopapier bekommt.

Erinnerst du dich noch, dass ich gesagt habe, dass das Virus im Februar in Deutschland ausgebrochen ist? Ja, das stimmt auch. Bei uns in Baden-Württemberg. Im Nachhinein konnte man dann nachweisen, dass es den ersten Fall weltweit schon im Dezember 2019 gegeben hat und den ersten Fall in Deutschland am 27. Januar 2020.

Nun sind wir also hier. Es ist Ende März 2021 und Corona ist immer noch auf der ganzen Welt aktiv. Es gibt zwar nun Impfstoffe, Schnelltests und viele weitere Sicherheitsmaßnahmen, aber viele Läden sind immer noch geschlossen und manche werden nicht mehr öffnen können.

Es gibt »Click and Collect«, eine praktische Methode um wenigstens kurz etwas in den Läden zu kaufen.

Ein weiteres Problem ist, dass wir uns fast nicht mehr mit unseren Freunden treffen können. Und so wird das wahrscheinlich auch noch lange bleiben.

Dieses Buch soll eine besondere Sammlung von Erfahrungen, ein Einblick in die Zeit geben, damit unsere Kinder, deren Kinder und vielleicht die ganze Welt, noch davon erfahren. Wenn wir schon eingesperrt sind, wollen wir wenigstens unsere Erfahrungen teilen.

Also, wenn du gerade im Jahr 2050 in der Schule oder sonst wo sitzt, und das liest, dann stell dir die Situation mal vor. Kannst du das? Nein! Genau so geht es uns im Jahr 2021 auch, wenn wir an den Zweiten Weltkrieg denken. Aber Tatsache ist:

Er hat stattgefunden. Und genau so findet jetzt das ganze Chaos mit Corona statt.

Also lass' es dir am besten von uns erzählen, damit du es dir so genau wie möglich vorstellen kannst!

3
nur
mit
Maske

Kunden

im Laden

erlaubt!

1

Global Change – Leben in der Pandemie

Lockdown

Mittlerweile hat sich zumindest im Kontext der Corona-Maßnahmen der Begriff Lockdown im Deutschen offenkundig etabliert – für drastische Einschränkungen von Grundrechten und der weitestgehenden Stilllegung des öffentlichen Lebens. Im Frühjahr hatte es keine flächendeckende Ausgangssperre in Deutschland gegeben – aber regionale Beschränkungen.

https://www.tagesschau.de/faktenfinder/lockdown-103.html

Lockdown die Erste

»Als ob die echt die Schulen zu machen? Niemals.«

Man lag ich falsch. Naja, wenigstens erst mal schulfrei und keine Klausuren. Hört sich ja eigentlich nicht schlecht an. Aber auch kein Unterricht.

Und was ist mit der Notenfindung und unserem Zeugnis?! Okay, beruhig dich erst mal. Ist ja nicht für immer. Nur ein paar Wochen. Wir haben ja auch ein paar Arbeitsaufträge bekommen. Alles wird schon irgendwie.

Nur blieb es nicht bei ein »paar« Aufträgen. Manche Lehrer hatten leider echt eine Fehlvorstellung von dem, was wir tatsächlich in einer Doppelstunde in Präsenz schaffen und versuchten uns nun 90 Minuten Vollprogramm aufzuzwingen, während wir normalerweise maximal 30 Minuten konzentriert gearbeitet hatten (der Rest war gefüllt mit persönlichen Gesprächen, »produktiver Gruppenarbeit« oder Filmen). Ebenfalls war die Masse an Langzeitaufträgen, die eigentlich über drei Wochen bearbeitet werden sollten, von mir in einer Woche bearbeitet werden wollten, etwas stressig und mehr oder minder ebenfalls zu viel.

Ich weiß, dass ich mir mit meiner Überambition zusätzlich ein Bein gestellt habe und da nicht nur die Aufträge verantwortlich waren. Mein Plan war aber schneller mit den Aufträgen fertig zu sein und dann früher Ferien zu haben. Find ich eigentlich immer noch einen guten Plan, halt stressiger. Natürlich muss auch gesagt werden, dass es nicht nur solche anstrengenden und langen Aufträge gab.

Einige Lehrer haben angemessene, teilweise sehr kurze Aufträge gesendet, was natürlich in erster Linie als Schüler sehr angenehm war, aber einen auch nicht immer voranbrachte. Wobei ich in Nebenfächern gut darüber hinwegsehen konnte. Die neue Situation, die Unsicherheit und die viele, einsame Arbeitszeit endeten bei mir in einigen Panikattacken, sowie in sehr viel Zukunftsangst. Aber auch ich konnte nach ein oder zwei Wochen einen Trott finden und eine neue Routine adaptieren, welche mich durch diese Zeit brachte.

»Die neue Situation, die Unsicherheit und die viele, einsame Arbeitszeit endeten bei mir in einigen Panikattacken.«

Exkurs: Meine Tagesroutine

- 8 Uhr aufstehen, danach frühstücken und bisschen YouTube schauen
- 9 Uhr mit den Aufgaben beginnen
  > Anzahl der Aufträge = Anzahl der Stunden, welche ich an diesem Tag gehabt hätte
    · Beispiel: Montag: 8 Schulstunden
    · Also den Wochenauftrag Biologie (5 Stunden) und den Wochenauftrag Chemie (3 Stunden) machen

  Ich weiß, man hätte es eigentlich anders machen sollen, aber ich bearbeite lieber fünf Stunden Bio am Stück als hier bisschen, da bisschen was zu machen. Zum einen nervt mich das und zum anderen bin ich auf meine Weise produktiver.

  Es gab aber demzufolge auch Tage, an denen ich 10 bis 15 Schulstunden beispielsweise Geschichte gemacht hab (um einen 3-Wochen-Auftrag zu schaffen).
- Wenn ich mit den Aufträgen fertig bin, ist chillen angesagt
- Freunde habe ich eigentlich keine mehr getroffen, denn ich dachte, wenn ich mich und auch meine Freunde sich streng an alle Regelungen halten, dann würde das alles vielleicht schnell vorbei sein
  > Haha, naja lag ich wohl wieder falsch
- Abends noch einen obligatorischen Spaziergang, da ich den ganzen Tag eigentlich nur rumsaß
  > Von 6 bis 8 Mal Sport pro Woche auf nur noch ein bisschen spazieren gehen, hatte leider auch körperliche und psychische Folgen

- 22 Uhr bin ich meistens auch schlafen gegangen (außer an Wochenenden)

Das für 8 Wochen wiederholen!

Obwohl ich durch den Lockdown eigentlich ganz den persönlichen Kontakt zu meinen Freunden verloren hatte, hat der Lockdown merklich schon nach 2 Wochen etwas sehr Positives an sich gehabt: Mein Vater, der sonst unter der Woche in anderen Städten arbeitete und nur am Wochenende heimkam, war nun dauerhaft zu Hause, also konnten mein Bruder und ich auch unter der Woche zu ihm und mit ihm mehr Zeit verbringen. Meine Beziehung nicht nur zu ihm, sondern auch zu meiner Mutter und meinem Bruder, hat sich in dieser Zeit deutlich intensiviert, wofür ich sehr dankbar bin. Auch positiv war, dass ich in meinem Tempo und meinem Zeitplan arbeiten durfte. Ich konnte mit guter Musik in den Ohren zu meiner Zeit die Aufgaben bearbeiten, genau dann, wenn ich sie bearbeiten wollte. Und wenn ich nur die Hälfte der Zeit brauchte, dann saß ich nicht die restliche Zeit nutzlos rum und musste warten, bis es weiterging (was mich in Präsenz eigentlich nie zuvor gestört hat und es auch Meckern auf hohem Niveau ist, aber trotzdem schon angenehm, nicht?). Ebenfalls gut war, dass die Aufträge, welche wir im Wechselunterricht bekommen haben, einfach und meistens auch kürzer waren und so mehr Zeit zum Lesen oder Malen blieb. Oder realistisch gesehen – zum Essen und Netflix schauen.

Während für die damalige Abschlussklasse schon gleich Regelungen getroffen und Erleichterungen zugesichert wurden, durften wir als elfte Klasse ohne Regelungen weiter unsere Aufträge bearbeiten und mit dem Stoff in den meisten Fächern zurückfallen. Das ist in Nebenfächern nicht wirklich schlimm, aber in Hauptfächern sehr beängstigend, da hier eben unsere Abiturprüfungen geschrieben werden müssen. Also zumindest für mich war es verunsichernd, denn mir liegt ein guter Abschluss sehr am Herzen.

Während die Unter- und Mittelstufe noch zu Hause war, durften wir, die Zwölfer, schon wieder in die Schule. Die Konsequenz jedoch war, dass der Unterricht in zwei Räumen oder später im Wechselunterricht unterrichtet wurde, welcher aber keineswegs einfach mit dem »normalen« Unterricht gleichgestellt werden kann. Wechselunterricht heißt, dass in Woche A der eine Teil und in Woche B der andere Teil der Gruppe unterrichtet wird.

Dazu kam, dass es bis zum Ende des Schuljahrs keine Informationen zum Abitur 2021 gab. Folglich war ich lange Zeit geplagt mit Fragen: Wie wird unser Abitur aussehen? Werden wir auch Nachsicht bei der Korrektur bekommen oder wird einfach ignoriert, dass wir unseren Stoff nicht »richtig und normal« beigebracht bekommen haben? Wird von uns einfach erwartet, selber alles zu erarbeiten, wie es leider mit den Aufträgen der Fall war? Schaffen wir das überhaupt alles in der Zeit?

Mir wäre es wichtig gewesen, dass das Ministerium für Bildung viel früher und schneller Informationen zum

Abitur herausgeben hätte, um zu wissen, dass auch bei uns Nachsicht walten wird. Das hätte mir sehr viel Stress erspart. Und vor allem war für andere Schüler in meinem Alter, die eben auch mehr Probleme mit dem Lernen haben, eine Regelung oder Ähnliches motivierend, sich reinzuhängen. Denn so hat man dann einfach nichts gemacht, so wie ich das mitbekommen habe. In der Schule herrscht normalerweise ein Druck etwas machen zu müssen, sei es von Lehrern oder als Gruppenzwang. Dieser entfällt völlig allein zu Hause, zumal man ja keine unserer Abgaben werten durfte. Jemand, der da einfach selbst nicht den Druck, die Motivation oder den Anspruch an sich aufbringt (warum auch immer), sieht keinen Grund zu arbeiten, wenn eh alles besprochen wird und einen keiner durchfallen lassen kann. Und auf der anderen Seite finde ich es sehr schade, dass das nicht mehr in unserem Jahrgang hervorgehoben wird, dass wir ohne Händchenhalten gearbeitet haben, ist es bedauerlich, denn unser Abi und unsere Voraussetzungen sind eben doch deutlich härter gewesen.

Von House Party zu Houseparty

Wie hat Corona mich beeinflusst?

Simple Antwort: Jedes Mal, wenn ich einen Film oder eine Serie schaue, und eine Szene vorkommt, in der mehrere Personen in einem Raum, ohne Abstand und Maske sind, kommt mir jedes Mal der Gedanke: »Das ist jetzt aber nicht coronaregelkonform!«

Seit 2020 hat sich unser Zusammenleben drastisch verändert.

Gefüllte Klassenzimmer, volle Kinosäle, ein überfülltes Schwimmbad oder ein Ausflug in irgendeinen Freizeitpark, all das gibt es nicht mehr.

Stattdessen heißt es harter Lockdown. Darunter müssen auch unsere sozialen Kontakte leiden.

Aber was bedeutet harter Lockdown für uns und unsere privaten Kontakte?

Ab dem 29. März 2021 muss überall, wo eine Maskenpflicht gilt, eine medizinische Maske getragen werden. Von der Sieben-Tage-Inzidenz ist im eigenen Stadt- oder Landkreis abhängig, mit wie vielen Personen man sich treffen darf. So sollen sich in Kreisen mit einer Inzidenz unter dem 100er-Wert wieder bis zu fünf Personen aus nicht mehr als zwei Haushalten treffen können.

Diese Regelung wird für private Zusammenkünfte ab dem 29. März selbst dann gelten, wenn die Sieben-Tage-Inzidenz über 100 Neuinfektionen pro 100.000 Einwohner liegt und damit eigentlich die »Notbremse« gelten müsste. Liegt die Sieben-Tage-Inzidenz in einem Stadt- oder Landkreis mindestens fünf Tage in Folge unter dem Wert von 35, können sich wieder bis zu zehn Personen aus drei Haushalten treffen.

Grundschulen sind seit dem 15. März wieder im Regelunterricht, unter Pandemiebedingungen. Die Präsenzpflicht bleibt aber weiterhin ausgesetzt. Kinder, die nicht am Präsenzunterricht teilnehmen, bekommen von der Schule Lernmaterialien für den Heimunterricht. Auch die Klassenstufen 5 und 6 werden seit dem 15. März wieder in der Schule unterrichtet. Seit dem 22. März ist Wechselunterricht für die Klassen 5 und 6 angesagt. Auch an den Sonderpädagogischen Bildungs- und Beratungszentren ist Wechselunterricht in allen Klassenstufen zugelassen. Die Notbetreuung bis zur Klassenstufe 7 und für alle Klassenstufen der Sonderpädagogischen Bildungs- und Beratungszentren wird weiterhin angeboten. Abschlussklassen können auch in Präsenz unterrichtet werden. Dies gilt dann, wenn sich die Inhalte nicht im Fernunterricht vermitteln lassen. Nachhilfe in Gruppen von bis zu fünf Schüler*innen darf wieder in Präsenz stattfinden. Kitas sind geöffnet. Das Abstandsgebot gilt dort nicht für Kinder.

Und, durchgeblickt?

Also, man kann sagen, dass sich einfach so mit dem eigenen Freundeskreis irgendwo treffen, nicht mehr geht.

Aber so gar keinen Kontakt mehr haben? Nein, das stimmt auch nicht. Vor allem Apps wie Discord, House-party, Messenger oder das einfache Telefon machen sich diesen Lockdown zunutze. Gespräche, die sonst von Angesicht zu Angesicht stattfinden, finden nun über einen Bildschirm statt. Zwar können solche Telefonate den Kontakt mit Freunden oder der Familie nicht ersetzen, jedoch ist es besser, als gar nicht miteinander zu reden.

Wie fühlst du dich?

Burn-out? – Nein, dafür haben wir immer noch zu viel Energie.

Oder ist es eine Depression? – Nein, noch fühlen wir uns nicht hoffnungslos

Aber wie fühlen wir uns dann?

Wir fühlten uns einfach etwas freudlos und ziellos.

Es stellt sich heraus, dass es dafür eine neue Diagnose gibt: Languishing (Englisch).

Und was ist das?

Es ist ein Gefühl von Stagnation und Leere, das durch die Coronavirus-Pandemie verursacht wird. Es fühlt sich an, als würde man seine Tage durcheinander leben und sein Leben durch eine neblige Windschutzscheibe betrachten. Beispiele dafür sind, dass man eigentlich um 6:00 Uhr aus dem Bett springen müsste, aber noch bis um 7:00 Uhr im Bett liegen bleibt. Oder den Film, den man eigentlich schon auswendig kann, nochmals anschaut. Und um es zusammenzufassen: Das Sprichwort »Was du heute kannst besorgen, das verschiebe nicht auf morgen!«, wird zu »Was du heute kannst besorgen, das kannst du auch erst morgen!«.

Man hat keine Symptome einer psychischen Erkrankung, aber von einer psychischen Gesundheit kann man auch nicht sprechen. Man ist nicht voll ausgelastet. Durch das Languishing wird die eigene Motivation beeinträchtigt, genauso wie die Konzentrationsfähigkeit und die Wahrscheinlichkeit, dass man weniger arbeitet, verdreifacht. Es scheint häufiger zu sein als eine schwere Depression – und in gewisser Weise kann es ein größerer Risikofaktor für psychische Erkrankungen sein.

»Was du heute kannst besorgen, das kannst du auch erst morgen!«

Und genau dieses Gefühl ist die dominierende Emotion in den Jahren 2020 und 2021.

Wo besteht da jetzt die Gefahr?

Ein Teil besteht darin, dass man beim Languishing möglicherweise nicht bemerkt, dass die Freude nachlässt oder der Antrieb. Man ertappt sich nicht dabei, wie man langsam in die Einsamkeit rutscht. Man ist gleichgültig gegenüber seiner Gleichgültigkeit. Gesundheitsexperten sagen, dass es wichtig sei, die eigenen Emotionen zu erkennen und darüber zu sprechen, bevor sie zu einem ernsten Problem, wie zum Beispiel Depression, werden. Doch wer spricht mit einem in Pandemiezeiten?

Nicht jeder hat etwas Positives in dieser Zeit

Natürlich ist es für viele entspannt und großartig keine Schule zu haben, aber nicht für jeden. Dabei wollen viele nicht mal die Schulzeit zurück, da sie sich dort auch nicht wohlgefühlt haben. Sie haben aber zu Hause, allein und mit ihren Problemen keine Chance, dass es besser wird. Das kann dann zum Beispiel zu Depressionen, Angststörungen oder anderen psychischen Erkrankungen führen, bei denen das Alleinsein ein verstärkender Faktor ist. Und da liegt das Problem: Natürlich erleichtert es einerseits, keine Schule zu haben, um zum Beispiel Mobbing oder dem Stress zu entgehen, aber andererseits wird die Leere in diesen Menschen viel größer: Die sozialen Kontakte, die einem Halt geben können, fehlen dann sehr. Aber auch Menschen, die davor komplett stabil und glücklich waren, litten unter der Situation. Dieses ganze Öffnen und Schließen der Schulen, insgesamt des öffentlichen Lebens, verschärft die Lage noch mehr. Auch die Tatsache, dass es zurzeit für viele Menschen mit Depressionen zunehmend schwerer wird,

»... wird die Leere in den Menschen viel größer.«

Hilfe zu bekommen, und es allgemein mehr psychische Erkrankungen gibt, ist angsteinflößend. Natürlich gab es auch Personen, die sich eingesetzt haben, aber es gab auch viele, die nicht auf das Thema eingegangen sind. Man hätte sich zum Beispiel Konzepte überlegen können, wie mehr soziale Kontakte hätten möglich sein können – zum Beispiel nur getestet – oder auch mehr Struktur beim Öffnen und Schließen der Schulen. In Deutschland zum Beispiel erkranken laut DEGS1 jährlich circa 8,2 Prozent der Bevölkerung an Depressionen. Das entspricht 6,7 Millionen Menschen, wenn man dies auf die 82 Millionen Einwohner Deutschlands umrechnet. Das Bundesgesundheitsministerium schätzt allgemein, dass 16 bis 20 von 100 Menschen an Depressionen erkranken, was schon extrem viele sind. Und diese Zahlen gelten nur für Depressionen. Es gibt noch Hunderte andere psychische Erkrankungen. Durch Corona mussten viele Angebote schließen, so auch Praxen von Therapeuten. Auch wenn die Termine teils online stattgefunden haben, ist dies nicht dasselbe, wie persönlich mit dem Therapeuten reden zu können, vor allem aus dem Grund, dass viele zu Hause nicht offen über ihre Probleme reden können. Da Familien während des Lockdowns aufeinanderhocken, ist es schwierig, zu Hause offen zu reden.

Man merkt oft gar nicht, dass man an einer Depression erkrankt.

Als ich merkte, dass die Situation unerträglich für mich wurde, habe ich versucht, mich auf mich selbst zu konzentrieren und das, was mir nicht guttat aus dem Leben zu lassen, auch wenn es mir schwergefallen ist. Lange Zeit kann ein Betroffener diesen Problemen gut entgehen und nimmt so gar nicht wirklich wahr, wenn es passiert. Denn, wenn jemand in Depressionen oder andere psychische Erkrankungen hineinrutscht, kommt man sehr schwer wieder raus. Da ich gemerkt habe, wie die Situation schwerer für mich wurde, habe ich versucht, mich mehr auf mich zu konzentrieren, was mir geholfen hat. Es half, viel Zeit mit der Familie zu verbringen oder sich etwas zu suchen, was einem Spaß macht und fit hält. Ganz wichtig war es, sich jemandem anzuvertrauen und darüber zu reden, auch wenn genau das in Pandemiezeiten besonders schwierig gewesen ist.

Maskenmüll

Die Corona-Pandemie hat viele Probleme, wie durch eine Lupe vergrößert, sichtbar gemacht. So zum Beispiel auch das Müllproblem. Überall findet man gebrauchte Masken achtlos auf den Boden geschmissen, ohne dass sie richtig entsorgt wurden. Viele Menschen haben durch die Pandemie und die Maskenpflicht immer einen Mund-Nasen-Schutz dabei, welchen sie häufig verlieren. Umwelttechnisch sind die Masken ein großes Problem, wie der ganze Müll, der in der Pandemie produziert wurde. Man denke nur an die vielen Take-away-Verpackungen, bei denen man abwägen muss, ob man nun das Restaurant oder die Umwelt retten will.

»Die Corona-Pandemie hat viele Probleme wie durch eine Lupe vergrößert.«

Manchmal liegen Masken und Verpackungen auch auf dem Rasen, in Büschen oder auf Wanderwegen. Manche Wege sind schon sehr dreckig geworden durch Müll und verlorene Masken.

Es mehren sich die Berichte von Bergen weggeschmissener Masken, die im Meer anstatt im Müll landen, und die Pflanzen und Tiere dort bedrohen.

Fast schon eine Plage, pandemischen Ausmaßes.

Der »Held« der Welt ist Geld

Die Bevölkerung durchlebte eine komplette Zustands-
wende. Vielleicht sollte das alles passieren. So musste
die Menschheit in ihrem rasanten Wachstum und ihrer
gleichzeitigen Selbstzerstörung zurück in die Realität gebracht werden. In Deutschland dachten wir, dass wir die
schlimmsten Krisen und Krankheiten schon hinter uns
hätten.

Wer von uns hat Ende 2019 im florierenden Weih-
nachtsgeschäft gedacht, dass da etwas auf uns zurollt?

Wenn da jemand von einer sich anbahnenden Krise gesprochen hätte, hätten die meisten erwidert: »Wir doch nicht! Wir in Deutschland haben ein hervorragendes Gesundheitssystem!«

Mittlerweile hatte sich bei uns ein Gefühl der Unverwundbarkeit entwickelt. Was hatte ich schon als junger, gesunder und sportlicher Mensch in einer Welt, mit großem medizinischen Fortschritt, von dem man in den vergangenen Jahrhunderten nur träumen konnte, zu verlieren? Außerdem waren wir auf einem guten Weg die »schwarze Null« zu erreichen. Damals im Jahr 2019 hat keiner verstanden, warum man sie so unbedingt wollte. Jetzt hingegen wird es uns umso klarer! Die jetzige durch Corona mit verursachte Schuldenhöhe kann und will ich mir nicht vorstellen: »Wir sind im unteren einstelligen Billionenbereich.« Konkret laut Handelsblatt bei 2,2 Billionen Euro. Das muss man sich erst einmal auf der Zunge zergehen lassen: »… im unteren einstelligen Billionenbereich.« (Anlehnung an die Känguru-Chroniken)

»Die jetzige Schuldenhöhe kann und will ich mir gar nicht vorstellen.«

Umgerechnet auf die Einwohner Deutschlands sind dann das ja nur über 26.000 Euro Schulden pro Einwohner. Also auch Kleinkinder, Jugendliche und Neugeborene. Das spontan zu bezahlen schafft man doch erst, wenn man als Alleinstehender 6.000 Euro brutto oder mehr verdient. Also nicht mal 10 Prozent der Bevölkerung Deutschlands. Jemand, der weniger verdient, wird da schon mehr Probleme haben, wenn man sich die Entwicklung der Miet-, Energie- und Versorgungspreise anschaut. Da bleibt nicht viel zum Zurücklegen. Von den Familien, in denen die Eltern den Mindestlohn verdienen, will ich gar nicht erst reden. Und laut dem Institut der deutschen Wirtschaft sollen circa 650 Milliarden Euro zwischen 2020 und 2022 dazu gekommen sein. Fein, dann wären wir vielleicht schon bei um die 2,7 Billionen Euro Schulden, wenn wir die 650 Milliarden zu den 2,2 Billionen Euro hinzurechnen.

Da kommt gleich ganz große Freude auf. Ich wollte zwar schon immer zu den Bestverdienern gehören, aber der Weg dorthin wird schwerer als gedacht. Denn wo wird wohl gespart werden, um die Schulden abzubauen? Wie werde ich mein Studium finanzieren können? Wird es genügend Studienplätze geben? Oder vielleicht wird der Weg doch nicht so schwer? Es gibt ja immer Reiche, die die Verschuldung von Ländern ausnutzen. Wie zum Beispiel der Hedgefonds-Manager Paul Singer, der sich erst in kleinem Stil in Unternehmen einkauft und dann die Aktienkurse in die Höhe treibt, um so viel Profit wie möglich zu erreichen. So hat er auch den argentinischen Staat in der Zeit des Staatsbankrotts 2001 zusätzlich ausgenommen. Er hat mit seinen Methoden insgesamt 4,3 Milliarden US-Dollar verdient. Ich kann deshalb nur Oswald Spengler zustimmen: »Der Geist denkt, das Geld lenkt.«

Aber es hat ja nicht nur der Staat Schulden gemacht. Auch die Gastronomie hat derzeit große Probleme. Restaurants, die im Jahr 2019 noch gute Einnahmen hatten, waren ein Jahr später pleite oder hatten Schulden in Höhe von mehreren hunderttausend Euro. Man sieht diese Probleme in den Städten, wo viele Restaurants und Geschäfte schließen mussten. Die Landesregierung in Baden-Württemberg reagierte darauf im Frühjahr 2020 mit einer Stabilisierungshilfe Corona für das Hotel- und

»Jedes weitere Jahr mit immensen Schulden rückt uns immer weiter weg von Investitionen im Bereich Klimaschutz.«

Gaststättengewerbe II. Unternehmen, die mindestens 30 Prozent ihres Umsatzes mit einer Tätigkeit im Hotel- oder Gaststättenwesen erwirtschafteten, konnten immerhin für einen bis zu dreimonatigen Förderzeitraum, zwischen dem 1. Mai und dem 31. Dezember 2020, unterstützt werden. Doch die Hilfe reichte nicht bei allen.

Zum Glück sind meine Eltern nicht davon betroffen. Sie konnten während den Lockdowns in ihren Jobs weiterarbeiten. Meine Tante hatte es da schon schwerer. Ihre Kochschule musste zwischendurch schließen, sodass sie keine Kurse geben konnte.

Und ich dachte, für uns Schüler wäre es schlimm… Wir konnten uns zwar gegenseitig kaum sehen, brauchten aber zumindest keine Existenzängste haben. Das große Problem für uns Schüler ist eigentlich das Homeschooling. Unmotivierte Schüler hinken schnell hinterher oder verlieren sogar komplett die Lust an der Schule. Doch wenn sie gar nicht die digitale Ausstattung oder elterliche Unterstützung haben, ist ihr Scheitern schon vorbestimmt. Hier sieht man wieder die Probleme des Kapitalismus: »Wer hat, dem wird gegeben.«

Diejenigen, die schon gut dastehen, können ihren Kindern den Zugang zu Bildung gut ermöglichen. Diejenigen, die nicht viele Ressourcen haben, können ihren Kindern den Weg nicht so gut ebnen. Aber wir brauchen in Zukunft alle Schüler. Es müssen alle die gleichen Voraussetzungen haben, denn wir brauchen genau diese später gut verdienenden Schüler, die zukünftigen Arbeitnehmer, die diese Schulden abbezahlen werden. Aber jedes weitere Jahr mit immensen Ausgaben, um die Coronaschäden zu begrenzen, rückt uns immer weiter weg von Investitionen im Bereich Sozialstaat und Klimaschutz.

Da wäre ich schon beim Thema Klima. Durch die Corona-Lockdowns sind viel weniger Menschen gereist, egal ob für einen Urlaub oder geschäftlich. Alles funktionierte digital oder per Homeoffice. Im Jahr 2020 habe ich sogar in den Nachrichten gehört, dass man mit einer VR-Brille »Urlaub« machen kann. Das ist eine Brille, die ein 3D-Bild erzeugt und uns glauben macht, wir wären in einer virtuellen Welt unterwegs. Der »Urlauber« kann sich überall umschauen und sich bewegen. Die Reiseziel-Einstellungen erlauben es einem, am Strand oder sonst wo zu sein.

Über YouTube konnte man sogar bei einer Führung in einem Wildtierreservat in Afrika zusehen. Wobei natürlich das Nutzen von digitalen Medien auch nicht wirklich klimaneutral ist. Um ein Beispiel zu nennen: Zweimal googeln benötigt so viel CO_2, wie eine Kanne Tee aufkochen. Deswegen trank ich lieber Wasser, während ich im Homeschooling – Englischunterricht nach einem Wort googelte.

Aber immerhin sind wir in Deutschland zu einem Rückgang der CO_2-Emissionen von 7 Prozent gekommen. Auf den ersten Blick ist das nicht viel, aber wenigstens ein kleiner Schritt zur geplanten Klimaneutralität im Jahr 2045.

Doch es gibt nicht nur positive Aspekte beim Klimaschutz. Durch die Coronakrise priorisierte der Staat die finanzielle Unterstützung der Arbeitnehmer, zum Beispiel die Sicherung durch Kurzarbeit. So bekam die Lufthansa neun Milliarden Euro. Dieses Geld sollten sie im Laufe der folgenden Jahre zurückzahlen. Doch Berufe, wie der des Krankenpflegers, wurden weiterhin zu schlecht bezahlt. Während der Jahre 2020 und 2021 nimmt dann die Zahl der Krankenpfleger rapide ab. Doch eigentlich sollte uns jetzt bewusst sein, wie essentiell diese Berufsgruppen sind. Warum können wir dann nicht auch dort ein angemessenes Gehalt zahlen? Letztendlich geht es bei diesem Job um unser Leben. Vielleicht muss man aber erst einmal selbst den Stress der Pfleger erleben, um diesen Beruf wertschätzen zu können.

What a time to be alive

Mai 2021

Und da ist es wieder – Corona holt aus manchen Menschen das Beste heraus, aus anderen das Schlimmste. Manche spenden iPads an Schulen in Problembezirken, an Schüler, die auch vor der Pandemie zu keinem Zeitpunkt die gleichen Bildungschancen hatten wie privilegierte Mittelschicht-Kinder. Kinder, denen keine Nachhilfe besorgt werden kann, wenn sie in einem Fach hinterherhinken, Kinder mit denen zu Hause niemand die Hausaufgaben machen kann. In den Haushalten, in denen das ohnehin schon nicht gegeben ist und nicht gegeben sein kann, bedeutet die Pandemie und der damit einsetzende Onlineunterricht das Ende der postulierten Chancengleichheit. Manche Menschen helfen. Manche Menschen machen öffentlich auf die furchtbaren Zustände in Krankenhäusern aufmerksam, in denen die Pandemie ebenfalls in eine Wunde drückt, die immer schon existiert hat. Und andere bleiben einfach nur zu Hause, halten sich an die Maskenpflicht und Abstandsregeln; besuchen ihre Eltern oder Großeltern nicht, fahren nicht in den Urlaub, treffen sich nicht an Silvester mit Monika und Ingo zum Böllern. Ich weiß, dass das die Mehrheit ist. Es ist wie im Internet – die Menschen, die es toll finden, wenn fünfzig willkürliche Promis ein Video posten, in dem sie sich über die Corona-Regeln lustig machen, tippen eifrig

»… bedeutet die Pandemie und der damit einsetzende Onlineunterricht das Ende der postulierten Chancengleichheit.«

Kommentare. Und die stille Mehrheit, die die deutschen Schauspieler mit dieser Aktion endgültig abgeschrieben hat, schüttelt stumm mit dem Kopf und klappt den Laptop zu. Und auch in diesem Video, das die Protagonisten unter dem ironischen Hashtag »Alles dicht machen« posteten und uns wissen lassen wollten, dass wir es mit den Corona-Maßnahmen übertreiben würden, muss man sich nur die Promis ansehen, die bei der Aktion beteiligt waren und die, die sich danach darüber echauffiert und lustig gemacht haben. Und man kommt schnell zu dem Schluss, dass die Menschen, die man vor der Pandemie schon für klug gehalten hat, die Aktion verspotten und jene, über die man vor der Pandemie schon gedacht hat, sie seien nicht die intelligentesten, sich an der Aktion beteiligten.

Ich denke der Grund, weshalb das Video #allesdichtmachen nicht nur bei mir, sondern auch in der breiten Masse auf so viel Ablehnung, Hass, Belustigung und Unverständnis stieß, ist, dass die aktuelle Situation, die Tausende Menschenleben beendet und bei anderen Grundlagen ihrer Existenz zerstört hat, in einen solchen Kontext gerissen wurde. In dem Video kommentieren Schauspieler*innen die Coronakrise und insbesondere den Lockdown auf vermeintlich »ironische« Art und Weise. Die 50 Schauspieler*innen weisen in ihrem Video auf die Corona-Maßnahmen hin, die ihrer Meinung nach überdacht werden sollten.

Es fallen Sätze wie: »Ich will wieder mehr Angst haben. Denn ohne Angst, hab ich Angst. Deshalb appelliere ich an unsere Regierung: Macht uns mehr Angst […] Liebe Regierung: Lasst uns in dieser Lage nicht allein. Es ist jetzt so wichtig, dass wir alle genug Angst haben.«

In diesem Video von Volker Bruch wird so getan, als seien die Angst und die Maßnahmen nur eine Art »Panikmache«.

Das ist nur ein Beispiel aus 50 Videos, die in dieselbe Kerbe schlagen. Es wird von extrem privilegierten Menschen, die nicht oder nur sehr wenig von der Coronakrise betroffen sind, geurteilt, gespottet und gehöhnt. Es äußerten sich nicht nur andere Schauspieler*innen, die von der Aktion entsetzt waren, sondern auch direkt von der Pandemie Betroffene, wie Pfleger*innen.

Der Schauspieler Kida Ramadan meinte in einem Video: »Was ist euer fucking Problem? Ihr seid nur am Arbeiten. Und ihr seid richtig gut am Arbeiten. Wo ist euer fucking Problem, Alter ja? […] Es sterben Menschen wegen dieser fucking Krankheit. Es haben Familien Familien verloren wegen dieser fucking Krankheit …«

Julia Seidl arbeitet in einem Corona-Quarantäne-Quartier und kommentierte die Aktion der Schauspieler*innen ebenfalls ironisch: »Ganz besonders genießen wir die Quality Time mit unseren Klientinnen und Klienten im Ganzkörperanzug, mit FFP2-Maske, Brille und natürlich doppelten Paar Handschuhen. Darin verbringen wir täglich ein bis vier Stunden, also nur ein kleiner Genuss …«

Es wurden somit nicht nur Stimmen von anderen Menschen laut, die anderer Meinung sind, sondern auch von solchen, welche die Lage wirklich beurteilen konnten.

Zum Abschluss vielleicht noch ein kurzer Tweet des Satirikers Jan Böhmermann, der das ganze Thema meiner Meinung nach gut auf den Punkt bringt: »Das ist das einzige Video, das man sich ansehen sollte, wenn man Probleme mit Corona-Eindämmungsmaßnahmen hat:

Charité Intensiv: Station 43-Sterben« und darunter der Link zum Video.

Ich denke, ähnlich ist es bei den Querdenkern und Querdenkerinnen. Hat man mal die Nerven sich die »Best-Offs« der Interviews, die auf Corona-Demos entstanden sind, anzusehen, so ist man schnell dabei zu denken: Gut, aber es sind ja nur *diese* Leute. Es sind ja immer noch nur die AfD-Wähler und Rechtsextremen. Es sind ja immer noch nur die Linksradikalen, die sich ihrer Freiheit bestohlen fühlen. Und manchmal sind es auch einfach nur ein paar einsame Seelen, denen es zu gut geht, und die auch etwas brauchen, über das sie sich aufregen können.

Und trotzdem ist man wütend, wenn man sich diese Aufnahmen ansieht. Man fragt sich, ob diese Menschen wissen, wie lächerlich sie sind. Und man hört sich auch deren Argumente an und bricht in schallendes Gelächter aus.

Was will man auch sonst machen? Es ist wie sich mit Nazis zu unterhalten: Wenn man die Wut zulässt, wird man wahnsinnig. Man muss versuchen sich ins Gedächtnis zu rufen, wer diese Leute sind. Und man muss immer daran denken, dass die Mehrzahl zu Hause vor ihren Laptops sitzt und diesen kopfschüttelnd zuklappt.

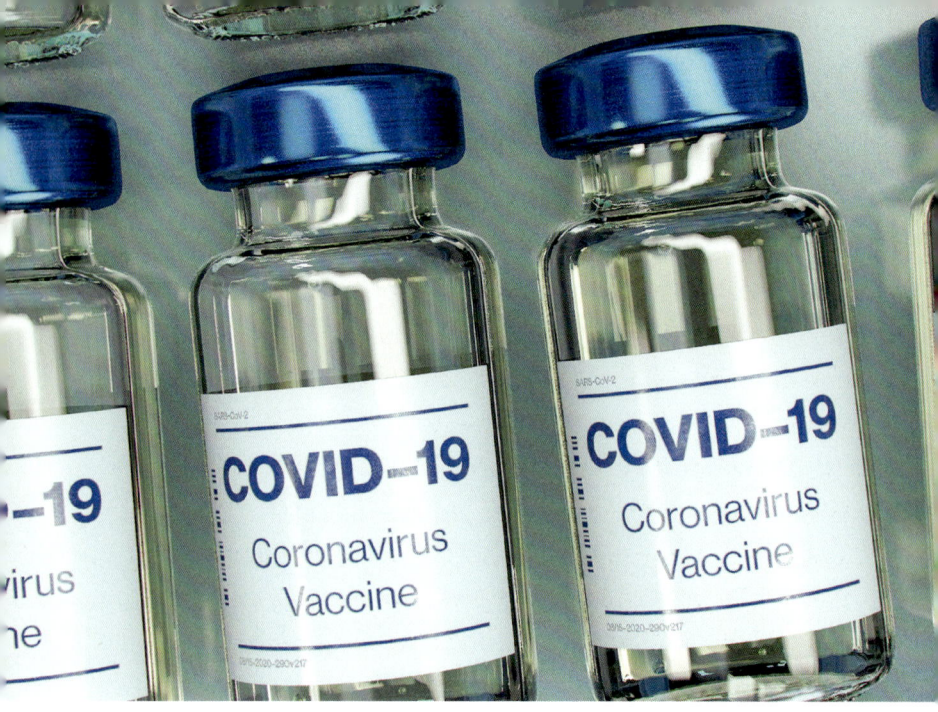

Von flüssigem Gold
und einem Tunnel mit Ende

Mai 2021 – geprägt durch Redewendungen wie: »Das flüssige Gold«, oder »Das Licht am Ende des Tunnels«, man spricht und hört von *BioNTech* und *Moderna* und den anderen Impfstoffen in diesen Tagen viel. Viele, ja sogar die meisten Menschen, sind nun voller Erwartung und Hoffnung, dass diese ständige Warterei endlich aufhört und das Virus, welches ja von einigen immer noch geleugnet wird, endlich besiegt werden kann. »Eine Impfung – ein kleiner Stich, große Wirkung« oder *Deutschland krempelt die #ÄRMELHOCH* wird überall von der Bundesregierung beworben.

Ich denke, dass das Impftempo ganz okay ist. Schon bald sollen Personen ab 16 Jahren geimpft werden können und ab Juni soll jeder ein Impfangebot bekommen, so Jens Spahn, unser derzeitiger Bundesgesundheitsminister.

Doch immer wieder gibt es Debatten, zum Beispiel wegen Wirksamkeit der Impfungen, ob es besondere Rechte für Geimpfte geben soll oder der Priorisierung von besonderen Personengruppen. Auch, ob manche Vakzine von der Gesellschaft als »schlechter wirkend« angesehen werden, obwohl Virologen wie vom RKI, das nie gesagt haben, sondern sogar das Gegenteil.

Auch das Image von vielen Impfstoffen ist beschädigt worden. Es gab viel Ärger mit Astra-Zeneca, da zum Beispiel weniger Impfstoff an die EU geliefert wurde als vereinbart.

Um es vorwegzunehmen, ich werde mich auf jeden Fall impfen lassen, egal mit welchem von der EMA zugelassenen Impfstoff – wenn ich an der Reihe bin! Doch die Vorteile, die mittlerweile für Geimpfte gelten, sind sehr verlockend, sodass es für Personen, die sich noch nicht impfen lassen können oder wollen, im Internet gefälschte Impfscheine zu kaufen gibt. Natürlich illegal.

Ein weiteres Problem Anfang 2021 stellt die Bürokratie dar. Eines der Probleme ist der viel zu wenig vorhandene Impfstoff und die daraus resultierenden langen Wartezeiten auf einen Termin; vor allem für die ältere Bevölkerung sind die digitalen Anmeldeseiten viel zu komplex. Außerdem treten immer wieder Fehler auf, sodass Termine unkontrolliert gelöscht werden können. Und das sind nur ein paar der ständig auftretenden Probleme!

Trotz aller Schwierigkeiten sprechen doch die Erfahrungen, die mein Bekanntenkreis, welcher schon geimpft ist, gemacht hat, für eine Impfung. So hört man von mancher Erleichterung und teilweise auch Stolz. Aber kann man wirklich von Stolz sprechen, weil man geimpft wurde?

Selbst wenn ich bisher in diesem Text eher kritisch berichtet habe, muss ich sagen, dass es hier in Deutschland mehr oder weniger sehr gut klappt.

Was mir aber Sorgen macht, sind die Mutationen. Könnte es nicht sein, dass es eine Doppel- oder Dreifach-Mutation geben wird, die gegen die bisherigen Impfstoffe resistent ist? Dann fängt alles von vorne an mit Tausenden von Toten und noch mehr Betroffenen! Wer dies in Zukunft liest und die Pandemie tatsächlich vollständig überwunden sein wird, weiß es vielleicht.

»Die Pandemie-müdigkeit wird insgesamt immer größer.«

Die Pandemiemüdigkeit im Mai 2021 wird insgesamt immer größer und der einzige Weg hier raus, besteht darin die #ÄRMELHOCH zu krempeln und dieses Virus zu überwinden, damit wir uns wieder treffen können und uns den vielen anderen Problemen auf dieser Erde widmen können, wie zum Beispiel dem Klimawandel…

Religion in der Zeit von Corona

In Corona-Zeiten haben viele Menschen Angst und sind einsam. Die Angst vor der unbekannten Situation ist da, auch die Angst, dass unser Wissen von dieser Welt begrenzt ist.

Ein nachlassendes Vertrauen in die Gesellschaft und in den Staat hat sich gebildet, dadurch wenden sich viele einer Glaubensgemeinschaft zu. Durch den Glauben fühlen sich einige bestärkt, spüren den Zusammenhalt und neue Hoffnung. Er gibt ihnen die Antworten auf die wichtigen Fragen des Lebens, und dort finden sie Frieden mit sich selbst. In Krisenzeiten ist Religion enorm wichtig. Doch Kirchen, Moscheen und Synagogen bleiben größtenteils geschlossen, auch an wichtigen religiösen Feiertagen. Die Glaubenslehre vermittelt Werte, die für einen Menschen und eine Gemeinschaft insgesamt von Bedeutung sind und ermöglicht ein friedliches Zusammenleben. In solchen Zeiten zeigt sich für mich, dass viele Menschen besser mit einer Religion leben können, als ohne. Sie konzentrieren sich auf ihren Glauben, wenn, ihnen die Realität droht, zu entgleiten. Dennoch ist ein schwindendes Vertrauen in Religionen bemerkbar. Für jeden Gläubigen wird Corona zur Glaubensfrage. Der ein oder andere sieht in Corona eine Strafe Gottes oder den drohenden Weltuntergang. Die Welt ist in Angst und Schrecken, Hass verbreitet sich, vor allem im Internet. Ausgrenzung wird zum Trend. Deshalb ist es besonders wichtig, sich mit der Religion anderer auseinanderzusetzen, weil dies zu einem besseren gegenseitigen Verständnis beiträgt. Vor allem dieser Monat im April und Mai, in welchem der Ramadan stattfindet, ist für mich wichtig. Das Ziel von mir und für

»Die Welt ist in Angst und Schrecken, Hass verbreitet sich, vor allem im Internet.«

viele Muslime ist, sich einmal im Jahr 30 Tage lang mehr als sonst auf den Glauben zu besinnen und Zusammenhalt zu finden und auch, kritisch über seine Aussagen und das eigene Verhalten, auch anderen gegenüber, nachzudenken. Dies ist in diesem Jahr der Unsicherheit und Einsamkeit sicher noch bedeutender.

Und woran hast du 2021 geglaubt?

2

Schule ohne Schule

CORONA
M**O**DERNA
RESISTENT
H**O**MEOFFICE
NOTBREMSE
P**A**NDEMIEMÜDIGKEIT
RKI
F**E**RNUNTERRICHT
ABSTANDS**G**EBOT
W**E**CHSELUNTERRICHT
LANGUISHING

MAS**K**ENMÜLL

H**O**USEPARTY

NEUINFEKTION

STABILISIERUNGSHIL**F**E

MUTATI**O**N

DU**R**CHGEIMPFT

MEDIZINISCHE **M**ASKE

Lockdown die Zweite – Here we go again

Kurz vor Weihnachten wieder in den Lockdown. Na toll. Aber der letzte war ja nicht so schlimm wie gedacht, also wird dieser bestimmt auch irgendwie gehen.

Schon wieder lag ich falsch. Meine Quote ist echt nicht gut. Wenigstens funktionierten in der Zeit vor Weihnachten die Server noch richtig, da ja nur die Oberstufe Onlineunterricht hatte. Aber wirklich »arbeiten« würde ich das nicht nennen. Eher passen würde »mit der Technik vertraut machen« und Frustration über die (mangelhafte) Digitalisierung loswerden. Da viele Eltern sich über die fehlende Tagesstruktur der Schüler im ersten Lockdown beschwert haben, mussten nun auch wir, wenn wir einen Auftrag für eine Stunde hatten, zu dessen Beginn, unsere Anwesenheit über entweder Sdui, Moodle, E-Mail oder BBB melden. Ob man dann danach gearbeitet hat, wurde nicht überprüft, was die Sinnlosigkeit dieser Maßnahme schon zu Genüge zeigt. Außerdem sprachen die sich beschwerenden Eltern in der Regel von der Unterstufe, nicht von der Oberstufe. Denn meines Erachtens kann man von dieser bis zu einem gewissen Grad erwarten, eine (für jeden einzelnen) funktionierende Tagesstruktur zu schaffen und ganz ehrlich gesagt, haben die meisten ihr »Guten Morgen« geschrieben und sich dann wieder schlafen gelegt.

In den folgenden Wochen wurde neben der Unterstufe auch die Oberstufe in Konferenzen gefoltert – ich meine natürlich unterrichtet. Die Serverauslastung war entsprechend hoch und zeigte, dass die Digitalisierung in Deutschland sehr fortgeschritten ist … NICHT.

Wenigstens diesmal gab es eine Lösung für das Problem mit der Notenfindung. Wir durften Klausuren in Präsenz schreiben. Dies war nur nach den Ferien möglich (warum auch immer, die Werte der Erkrankten hatten sich im Vergleich zu vor den Ferien nämlich nur kaum merklich verändert), weshalb meine Klausurenphase, und damit gemeint ist die Stressphase, um einen Monat verlängert wurde. Die Prüfungsphase hätte eigentlich für mich ihr Ende am 21. Dezember gehabt und mich seit November wieder aufatmen und auf meine Geschichtshausarbeit konzentrieren lassen. Nun endete sie Anfang

Februar und Aufatmen blieb aus. Aber wen mit genug Bedeutung, der auch was dagegen machen könnte, zum Beispiel einen Bildungsminister interessiert's? Der Grund dafür, dass die Klausuren im Durchschnitt für mich deutlich stressiger waren und im Allgemeinen auch schlechter ausfielen, ist ganz klar der Onlineunterricht. Denn der Onlineunterricht schafft es selbst die interessantesten Fächer in pure Einschlaflieder zu verwandeln. Und gleichzeitig schafft er es aus sonst arbeits- und lernwilligen Schülern/innen (wie beispielsweise mir) in komplett desinteressierte, abgelenkte, frustrierte und genervte Bildschirm-Zombies zu verwandeln. Während ich im ersten Lockdown wenigstens in meinem Tempo arbeiten durfte, schlafe ich im Onlineunterricht fast ein. Nun störte es mich, wenn ich früher mit Aufträgen fertig war, wirklich sehr, denn es brachte mir nichts mehr wie im ersten Lockdown und die Möglichkeit, mich mit anderen zu unterhalten (wie sonst in der Präsenz) fiel auch weg. Langeweile blieb. Wir kommen online kaum voran und trotzdem bin ich irgendwie überfordert. Wie funktioniert das überhaupt?! Das liegt auch daran, dass ich keine Pausen bekomme, wie oben erwähnt: Während ich eigentlich in den Winterferien eine kurze Pause vom Lernen hätte haben sollen, bin ich seit dem Start der Klausurenphase im November direkt im Februar ins Lernen für die Abiturprüfungen und dann in die Dop-

»Wir kommen online kaum voran und trotzdem bin ich irgendwie überfordert.«

pelbelastung, bestehend aus der Klausurphase und dem Lernen fürs Abitur, ohne mal ein paar Tage frei zu haben, gegangen. Nicht mal an Weihnachten hatte ich frei, sondern ich saß jeden Tag mindestens 4 Stunden an meinem Schreibtisch und habe gearbeitet. Und weil ich nicht schon genug zu tun hatte, habe ich mich auch entschlossen (im September, als ich das Kommende alles noch nicht wusste), am Geschichtswettbewerb des Bundespräsidenten teilzunehmen. Die Hausarbeit, die ich dafür geschrieben habe, kam zu all dem Stress noch dazu. Schön, nicht?

Zu dem Zeitpunkt, an dem ich den Text in seiner Rohfassung geschrieben hatte, zwei Wochen vor dem Abi, ist mir aufgefallen, dass mir jeglicher Spaß am Lernen vergangen ist und ich jeden Tag mit dem Gedanken gespielt habe, einfach mit dem Lernen aufzuhören und nach dem Motto »YOLO« die Abiturprüfungen halt mal »auf mich zukommen zu lassen«. Meine Hauptfächer, die mir normalerweise Freude bringen (deshalb hab ich sie ja gewählt), nerven mich nur noch und oftmals kommt mir der Gedanke: »Jetzt mal ehrlich, was bringt mir der Blödsinn?! Ich hab keinen Bock mehr auf den Rotz!« (was sehr untypisch für mich ist, da ich, wie schon gesagt, viel Interesse an den Fächern mitbringe). Aber natürlich hör ich nicht einfach auf. Aber wollen würde ich es schon, denn ich bin sehr erschöpft. Seit November hatte ich keinen freien Tag mehr – wie oben schon erwähnt mindestens 4 Stunden am Tag arbeiten, egal was für ein Tag (manchmal 10 Stunden Schule und dann bis 22 Uhr noch lernen) und der Dauerstress machte sich schon im Januar an meiner Konzentration bemerkbar.

Lange Rede kurzer Sinn: Ich find Onlineunterricht zum Kotzen und er mich, glaub ich, auch.

Ich glaube, dass für Lehrer Onlineunterricht ebenso bescheuert war, wie für uns Schüler. Auch habe ich gesehen, dass einige Lehrer sich viel Mühe gegeben haben. Beispielsweise hat eine meiner Lehrerinnen uns immer wieder gefragt, wie wir was finden (als Unterrichtsform, sprich: Aufträge, Gruppenarbeit, Besprechungsformen, etc.) und auch das persönliche Gespräch zu uns gesucht, was ich als sehr aufmerksam und mitdenkend empfand. Das alles ändert jedoch nichts an meinem Empfinden, denn leider gab es auch Lehrer, die nur stumpf ihre Folien abgearbeitet haben. Für mich entstand dabei der Konflikt, dass ich wusste, dass ich alleine deutlich effizienter und entspannter arbeiten könnte und sich so für mich kein Sinn in den Konferenzen ergab. Ohne Sinn ist es fast unmöglich, jeden Tag stundenlang das »Sinnlose« zu tun.

»Ich find Online-unterricht zum Kotzen und er mich, glaub ich, auch.«

Was ich deutlich sinnvoller gefunden hätte, wäre, dass wir Aufträge für eine oder mehrere Doppelstunden bekommen hätten und darauf in der nächsten Stunde alles kompakt besprechen und da dann auch die Möglichkeit fürs Feststellen der mündlichen Noten bestanden hätte. Diese Möglichkeit wäre für *Oberstüfler* wohl förderlicher gewesen, als die erlebte Form an Konferenzen. Ebenso wären die Server weniger belastet und die Konferenzen, die stattgefunden hätten, produktiver gewesen. Falls Fragen auftauchten, könnte man ja als Lehrer anbieten, während der im Stundenplan verankerten Stunden über Sdui, Moodle, BBB oder E-Mail erreichbar zu sein. Dadurch hätte das Gefühl für uns, sich alleine durchbeißen zu müssen, reduziert werden können.

Um zu verstehen, warum ich die Konferenzen und den Onlineunterricht so schrecklich fand, muss man auch den Aufbau meines Zimmers verstehen, der massiv zu diesem Empfinden beitrug. Mein Schreibtisch steht direkt neben meinem Bett in einem Abstand von nicht mal 50 Zentimeter und in diesem Spalt steht dann mein Stuhl. Für den ganzen Tag bewege ich mich also auf kleinstem Raum. Durch die Konferenzen wurde mein Zimmer vom Ort der Entspannung, des selbstständigen Arbeitens und Chillens zum Ort der Langeweile, des Stresses, der Verzweiflung,

»Für den ganzen Tag bewege ich mich also auf kleinstem Raum.«

des Sportes und des Essens. Die sonst so klar getrennten Orte, wo ich sonst diesen Tätigkeiten nachkam, waren nun auf 10 Quadratmeter beschränkt. Das alles wirkte sich nochmals negativ auf mein Nervenkostüm aus. Und außerdem ist mein Stuhl sau unbequem und weil die Möbelhäuser zu haben, kann ich mir auch keinen passenderen aussuchen.

Meine Tagesroutine 2.0:
now »better and improved«

- Pünktlich um 7:37 Uhr aufstehen, Laptop hochfahren, Pullover über den Pyjama ziehen, an den Schreibtisch setzen
- Dann die erste Konferenz ab 7:40 Uhr über sich ergehen lassen /eigenständig arbeiten /am Handy Videos anschauen
- In der ersten großen Pause schnell Frühstück holen
- Dieses während der nächsten Konferenz essen
  > Sobald fertig mit dem Essen, sofort wieder ans Handy, um irgendwie Dopamin ins Gehirn zu bringen
- Dann in der zweiten großen Pause nächsten Snack holen
- Diesen wieder während der nächsten Konferenz essen
  > Prozedere der 3. und 4. Stunde wiederholen
- Mittagspause = Mittagessen machen und dieses kurz essen
- Dann eventuell Mittagskonferenz
- Nachmittags Sport und lernen fürs Abi oder Klausuren/ an Hausarbeit weiterarbeiten
- Das ganze bis 22 Uhr, dann müde ins Bett fallen und wiederholen

Wie andere auch, habe ich ebenfalls während des Lockdowns »Neue Skills« erworben: Diese beschränken sich auf Taktiken, wie ich verheimlichen kann, dass ich die gesamte Schulstunde nicht aufpasse. Dazu gehören Techniken, die verhindern, dass meine mündliche Note stirbt beziehungsweise ich eben aufgerufen werde, ohne dass ich die Antwort weiß. Die Antwort auf die Frage, wie ich das getan habe, ist zum einen, dass ich mich zum Anfang jeder Stunde, wo die Motivation relativ »hoch« war, gemeldet habe. Damit habe ich gleich zwei Fliegen mit einer Klappe geschlagen, denn die Wahrscheinlichkeit, dass ein Lehrer einen Schüler, der sich schon einmal die Stunde gemeldet hat, nochmals aufruft, ist sehr gering und so konnte ich alle veräppeln, dass ich einen Plan hab, was abgeht und auf-

»Ob diese Skills so hilfreich für mein restliches Leben sind, lässt sich jedoch zu Recht bezweifeln.«

passen würde (ergo mündliche Note lebt weiter). Falls ich aber am Anfang nichts verstanden oder nicht drangenommen wurde, habe ich einen sechsten Sinn entwickelt, der mich aus meiner Trance erweckt und zuhören lassen hat in den letzten Minuten, bevor ich aufgerufen werde, so konnte ich irgendetwas sagen. Meinungs-, Beschreibungsfragen oder Wiederholungen sind zu meinem größten Partner im Onlineunterricht geworden. Ob diese Skills so hilfreich für mein restliches Leben sind, lässt sich jedoch zu Recht bezweifeln.

Noch ergänzend gesagt hat Corona mich aller (möglichen) Erinnerungen der Oberstufe beraubt, auf die man sich hätte freuen können, wie PepUp-Tage, Ausflüge, Studienfahrt, Klassenfeiern, Stufentreffen, Abiball, eine richtige Zeugnisvergabe oder auch einfach nur norma-

»Oder im Schul-
gebäude Freunde
zu umarmen, ohne
von Lehrern mit
Blicken getötet zu
werden.«

len entspannten Unterricht ohne Abstand oder Maske. Oder im Schulgebäude Freunde zu umarmen, ohne von Lehrern mit Blicken getötet zu werden.

Abi schreiben unter Pandemie-Bedingungen

Normalerweise werden die Räume im Abi nach Kursen eingeteilt, also Geschichte, Bio, etc. Bei uns jedoch nach »getestet« und »nicht getestet«. Uns wurde die freie Wahl gegeben, ob wir uns einen Tag vor jeder Abiturklausur testen lassen wollen. Da dies jedoch erst 5 Tage vor der ersten Klausur als Verordnung bekannt wurde, versetzte es meine gesamte Stufe in Stress und machte viel Wirbel. Denn es war ja eine wichtige Entscheidung, die getroffen werden musste und die Schüler, die gegen das Testen tendierten, hatten Angst in eine Schublade mit den Querdenkern geschoben zu werden. Im Endeffekt hat sich die Hälfte meiner Stufe entschieden, sich nicht testen zu lassen, hauptsächlich, weil ein positiver (auch ein falsch positiver) Schnelltest, dich deine Abiturklausuren verpassen lässt, was ein tatsächliches Risiko birgt. Ich habe entschieden, mich testen zu lassen und zu hoffen, dass ich keinen falsch-positiven Test erhalte (hab ich nachher auch nicht, also alles gut). Ich dachte nicht, dass ich mich davor anstecke, da ich eigentlich nur alleine zu Hause lerne und sonst keinen Kontakt zur Außenwelt habe. Daher war ich in den Räumen für die Getesteten. In allen Räumen, in denen Abi geschrieben wird, sind die Tische mit 1,5 Meter Abstand zueinander aufgestellt und die Schüler alphabetisch in einen Sitzplan eingeteilt. Da ein Kurs normalerweise nicht einen Raum füllen kann (weil im Durchschnitt eben die Hälfte getestet wurde und so der Kurs auf zwei Räume eingeteilt wurde), befinden sich oftmals Schüler aus zwei Kursen in einem Raum. Die eine Hälfte sitzt auf der linken Seite, die andere auf der rechten. Der jeweilige Kurs bekommt seine Aufgaben in einer farbigen großen Mappe, in der oder die Schüler/in nachher alles abgeben muss. Der andere Kurs erhält eine anders farbige Mappe, so ist es einfacher jedem die richtigen Aufgaben zu geben, dass nichts verloren geht und dass nichts für die Korrektur vertauscht wird. Rucksäcke mussten raus auf den Gang, aber unsere Jacken durften wir (anders als sonst) bei uns haben, falls es wegen des regelmäßigen Lüftens zu kalt würde. Ich war so im Stress, mir war eher zu warm. Das gemeinsame Zusammenstehen nach Prüfungen und der Stufensuff am Ende aller Prüfungen fielen ebenfalls aus sowie Gruppenfotos ohne Maske. Eine Maßnahme, um es uns Abiturienten/innen leichter zu machen, war es, uns eine halbe Stunde länger Zeit zu geben. Weil das 1,5 Jahre Unterricht unter Corona-Bedingungen wettmacht, oder? Nicht um mich falsch zu verstehen, die halbe Stunde war sehr hilfreich und praktisch, aber eben meines Erachtens leider nicht genug.

Am Anfang des ersten Lockdowns und immer wieder hieß es zu uns Jugendlichen: »Seid solidarisch! Ihr müsst die Alten schützen.« »Stellt euch nicht so an! Es sind nur Feiern.« etc. Ebenfalls regten sich manche Mitmenschen in den Medien und der Öffentlichkeit über junge Menschen auf, die sich laut darüber beschwert haben, ihre »besten Jahre« nicht haben zu dürfen. Nun dürfen die Alten mit ihren Lockerungen beispielsweise in Länder reisen, die nur Geimpfte rein lassen oder auch Essen gehen und so weiter. Und wir, die ganz unten auf der Priorisierungsliste stehen, dürfen noch schön zu Hause bleiben. Ebenfalls empfinde ich das Verhalten der älteren Geimpften sehr respektlos. Nach meinen Erfahrungen, beschweren sie sich immer noch, Maske tragen zu müssen (tragen diese oftmals aber gar nicht mehr), keine Flüge zu bekommen oder dass noch nicht alle Läden für sie offen sind. Solidarität bleibt mal wieder irgendwo anders. Aber Hauptsache wir mussten sie zeigen, aber welche Politik kümmert sich schon um Minderjährige in solchen Fällen, die sind nicht wichtig, die können noch nicht wählen und bis zur nächsten Wahl ist alles vergessen (Achtung: Übertreibung!). Was dazu kommt ist, dass wohl nicht alle Jugendlichen die Chance haben werden, vor dem Sommer vollständig geimpft zu sein, was bedeutet, dass Treffen immer geplant werden müssen, damit man sich davor ja noch testen lassen kann. Außerdem ist es für Minderjährige noch schwieriger, da bis jetzt nur Biontech als Impfstoff ab 16 zugelassen ist und dieser der Begehrteste ist, also wird die Chance hier noch geringer. Naja, da eben die Lockerungen für Genesene ebenfalls bestehen, geh ich nach dem Abi jetzt erst mal fett jeden Tag Beerpong spielen und Shisha rauchen, immer mit ganz unterschiedlichen Personen, damit ich mich anstecke oder ich mach's wie andere und fake mir, mit einfachen Photoshop-Skills, eben die benötigten Dokumente. (Achtung: Sarkasmus!). Denn 14 Monate sich an alles halten und kein einziges Mal anzustecken, wird nun im Endeffekt bestraft. Ich verstehe natürlich, dass Lockerungen gemacht werden müssen, um die Restaurants und den Einzelhandel zu retten, trotzdem bleibt es für die jüngere Generationen unfair.

»Denn 14 Monate sich an alles halten und kein einziges Mal anzustecken, wird nun im Endeffekt bestraft.«

Obwohl ich mich in diesem Text sehr viel über die ganze Situation aufrege, hoffe ich weiter auf Besserung und glaube auch fest dran. Auch will ich noch mal sagen, dass ich mich nicht über den Fakt, dass es strenge Regelungen, Versuche oder Sonstiges gibt, aufrege, ich hinterfrage nur die Sinnhaftigkeit und Logik sowie die unfaire Behandlung, welche mich eben sehr ärgern, da ich mich streng an alles halte und nun doch die A-Karte gezogen habe. Ebenfalls bin ich der Meinung, dass es wohl erst in einigen Jahren möglich sein wird, wirklich bewerten zu können, was die Krise mit mir und allen anderen Abiturienten gemacht hat. Dieser Text ist eben eine Momentaufnahme und ein Einblick in die Gefühlswelt einer Abiturientin im Frühjahr 2021.

Endlich mehr Technik!

Mein Schreibtisch während der Heimbeschulungszeit. Ein Computer für die Videokonferenzen, welche verpflichtend sind und nach Stundenplan stattfinden. Ein Tablet als zweiter Bildschirm, welcher der Darstellung von Arbeitsaufträgen dient, diese werden dann auf dem zweiten Tablet bearbeitet, besser bekannt als das »moderne Heft«, bedient mit dem Tabletstift. Persönlich hat mir der Anfang des Homeschoolings gefallen, denn es war entspannt, jedoch nach der circa vierten Woche wendete sich das Blatt und mir wurde während der Unterrichtszeit immer wieder langweilig, was zur Demotivation wurde.

Mir fehlten die sozialen Kontakte sowie die technische Projektarbeit im Fach NwT.

Zusammenfassend kann man sagen, dass das Homeschooling am Anfang zwar Spaß gemacht hat, jedoch am Ende eintönig und langweilig wurde. Trotzdem war es auch gut, dass endlich mal überfällige Maßnahmen zur Digitalisierung eingeführt wurden!

Once in a lifetime

Ja, Corona, du warst immer gut zu mir. Unzählige Stunden habe ich damit verbracht an ganz gewöhnlichen Dienstagen auf einer Liege im Garten zu dösen und mein Gehirn von den wunderbar sanften Klängen meiner Lieblingspodcasts berieseln zu lassen, anstelle der staubtrockenen Formeln und Vokabeln. Doch damit ist jetzt Schluss. Es reicht!

Die ewig sonnigen Mittage sind Vergangenheit, die Erinnerungen an die kühle Brise am Ufer eines Sees verblasst langsam und immer öfter schweifen meine Gedanken ab, zurück in die langweiligen Klassenzimmer mit den lieblosen Plakaten über den Ersten Weltkrieg und den Physikräumen mit den ewig wackelnden Tischen.

Vergeblich suche ich Ausreden, weshalb diese tiefe Zufriedenheit immer seltener aufkommt: Mal liegt es am Onlineunterricht, mal an meiner Stimmung und manchmal einfach nur am trüben und ungemütlichen Wetter des Aprils.

Dabei will ich diese unglaubliche Zeit doch genießen! Ich will wie im Frühjahr 2020 um halb zwölf aus meinem Zimmer schlurfen. Den Rest des Tages im Garten liegen. Ab und an ins Planschbecken springen. Gegen halb fünf die ersten WhatsApps verschicken, ob jemand die Aufgaben für heute hat und schlussendlich um fünf Uhr morgens ins Bett gehen – ist ja sowieso egal, morgen habe ich ja frei.

Doch die Zeiten haben sich gewandelt. Statt den süßen Duft des Frühlings zu genießen, sitze ich vor dem Laptop, von 7.40 Uhr bis durchschnittlich 13 Uhr. Dann noch Mittagsschule, zweimal die Woche. Das Wetter spielt auch nicht mehr mit, nur selten lässt sich die Sonne in diesen Tagen blicken. Immer öfter liege ich um 8 Uhr morgens in meinem Bett, den Laptop auf dem Bauch und döse vor mich hin. Ist ja sowieso egal, zur nächsten Klassenarbeit muss ich das alles eh noch mal lernen. Auch das Mitschreiben wird schwieriger. Statt den auffordernden Blick der Lehrkraft gibt es jetzt einen kleinen Tab am oberen Rand des Laptops, direkt neben der Big-Blue-Button-

»Unterrichtsstunde für Unterrichtsstunde mache ich schlechten Gewissens ein Bild des Aufschriebs mit meinem Handy.«

Konferenz mit dem Titel YouTube. Unterrichtsstunde für Unterrichtsstunde mache ich schlechten Gewissens ein Bild des Aufschriebs mit meinem Handy, mit dem festen aber auch zutiefst selbst betrügerischen Gedanken: »Das übernehme ich dann am Wochenende.« Sobald der Speicherplatz des Handys knapp wird, löscht man die Bilder dann »schweren Herzens«, man hätte es ja auf jeden Fall noch abgeschrieben.

Der Grund, weshalb ich die Schule mag, ist verloren gegangen. In der Schule hat man eine Bühne, man probiert Grenzen aus, man lernt, sich in einem sozialen Umfeld zurechtzufinden. Doch der kleine Gag am Rande, das kurze Umdrehen zum Nebensitzer, die kurze, aber heftige, Diskussion nur der Diskussion wegen und der Gefühlsausbruch, wenn die letzten zwei Stunden entfallen – alles Vergangenheit. Stattdessen der Blick auf einen Bildschirm und die meist wenigen Meldungen im Chat.

»Die zweite Schließung der Schulen hat einem unmissverständlich klargemacht, wie wichtig der Faktor der fehlenden schulischen Verpflichtung war.«

Die erste Schließung der Schulen im Frühjahr 2020 war die pure Entspannung, wie ein Stück aus einem Traum, aus dem man nicht mehr erwachen möchte. Die zweite Schließung der Schulen hat einem unmissverständlich klargemacht, wie wichtig der Faktor der fehlenden schulischen Verpflichtung war. Kein Unterricht: super. Unterricht ohne die schönen Aspekte des Unterrichts: ermüdend.

Corona, versteh mich nicht falsch. Ich habe es geliebt nicht in die Schule zu müssen, du hast mir gezeigt, dass das Schulleben bei einer Wiederöffnung ganz normal weiter geht und dass es im Grunde unwichtig ist, ob man vier Mathearbeiten schreibt oder zwei. Du hast mir gezeigt, dass es nicht von Bedeutung ist, ob man die Vokabeln aus Unit 4 jetzt kann oder nicht. Aber ich vermisse meinen Alltag. Ich vermisse es zu wissen, dass ich morgen meine Freunde sehe, egal ob ich mich verabredet habe oder nicht. Ich vermisse es, mich über die unmotivierten Lehrer und Lehrerinnen aufzuregen, ich vermisse es, um halb acht ins Klassenzimmer zu stürmen und hastig mit zehn anderen Leuten die Hausaufgaben abzuschreiben: »Schreib aber um!« All das vermisse ich.

»Ich vermisse es um halb acht ins Klassenzimmer zu stürmen und hastig mit zehn anderen Leuten die Hausaufgaben abzuschreiben.«

Und ob ich jetzt zu Hause in meinem Bett liege und mir erklären lasse, wie ein Atom aufgebaut ist oder im Klassenzimmer, der Gruselfaktor ist doch derselbe.

Aber keine Sorge, Corona, schon bald werde ich wieder von dir schwärmen. Spätestens, wenn ich wieder vor der ganzen Klasse eine Formel anwenden soll, werde ich mit Sehnsucht an deine Glanzzeiten zurückdenken und es vermissen, einfach so tun zu können, als täte mein Mikro nicht. »Emma, ich sehe, dass dein Mikro grün ist, aber wir hören dich leider nicht.« Schade.

Abitur als Risikopatientin

Wir befinden uns nun seit fast 1,5 Jahren in einer Ausnahmesituation, die sich aber verrückterweise schon fast normal anfühlt.

Lockdowns, Ausgangssperren, Einschränkungen der Versammlungsfreiheit, Maskenpflicht, 1,5 bis 2 Meter Abstand und Schulschließungen.

Ich denke, dass für jeden die Zeit andere und neue Herausforderungen, Chancen und Erfahrungen mit sich brachte.

Ich kann hier nur meine Sicht und mein Empfinden schildern.

Es wurden plötzlich Gesetze und Verordnungen verabschiedet, die man unter anderen Umständen, als verrückt oder gar wahnsinnig eingestuft hätte.

Niemals hätte irgendjemand damit gerechnet, dass Grundschüler oder, wie in meinem Fall, Gymnasiasten, nicht mehr zur Schule gehen können, man Masken trägt, sich nur noch mit einer Handvoll Menschen treffen darf oder bestimmte Lokalitäten nur noch mit nachgewiesenem negativen Test/ einer Impfung/einem Genesenenschein aufgesucht werden können.

»Es wurden plötzlich Gesetze und Verordnungen verabschiedet, die man unter anderen Umständen, als verrückt oder gar wahnsinnig eingestuft hätte.«

Ich denke, dass die Erfahrungen eines jeden sehr durchwachsen waren, jeder aber immer versucht hat, sein Bestes zu geben.

Nun aber zu dem, wie sich meine Situation verändert hat:

Da ich zu den RisikopatientInnen gehöre, ging ich fast ein halbes Jahr lang nicht zur Schule (März 2020 bis September 2020). Onlineschooling gab es im Grunde noch nicht, eine wirklich zuverlässige Plattform für Onlineunterricht oder für Arbeitsblätter, etc. gab es auch nur bedingt.

Moodle, so der Name der Plattform, die an vielen Schulen in ganz Deutschland genutzt wird, funktionierte zu Beginn mäßig, bis kaum oder gar nicht. Während meine MitschülerInnen in der Präsenz waren, bangte ich in jeder Minute zu Hause vor dem Rechner, ob die Plattform wohl standhalten würde, ob ich alles mitbekäme und ob ich auch verstehen würde, was gesagt wird.

Als ich schließlich zur 12. Klasse wieder in die Schule kam, bemerkte ich erst, wie sehr ich in einigen Fächern abgehängt war. Auch fehlte mir Übung.

Für mich war es völlig neu, wie man sich im Unterricht benahm und wie Abstände und Maskenpflichten eingehalten werden mussten.

»Am Anfang hatte ich große Angst, ausgegrenzt oder missverstanden zu werden und musste mich gegen viel Aggression, Feindseligkeit und Angst wehren.«

Die anderen hatten mir alle ein halbes Jahr Erfahrung voraus, ich fühlte mich ins kalte Wasser geworfen, zumal ich selber, durch ein ärztliches Attest, von der Maskenpflicht befreit war und dies zusätzliche Konfliktpunkte mit sich brachte.

Ich durfte die Schule ohne Maske besuchen.

Am Anfang hatte ich große Angst, ausgegrenzt oder missverstanden zu werden und musste mich gegen viel Aggression, Feindseligkeit und Angst wehren.

Nicht nur auf den Straßen, in Bussen oder in Läden war dies der Fall, auch in der Schule traten mir vereinzelt sehr wütende und ängstliche Personen gegenüber, die mich stark kritisierten oder mir Vorwürfe machten.

Dank der Unterstützung der Schulsozialarbeit konnte bei den Lehrern für Klarheit gesorgt werden, sodass ich nach einer Mail, mit aufklärenden Informationen über mich, die an jeden Lehrer geschickt wurde, kaum noch mit solchen Fällen zu kämpfen hatte. Auf der anderen Seite standen aber auch viele sehr nette, besorgte, verständnisvolle und hilfsbereite Menschen, seien es nun Lehrer, Schüler oder andere Personen. Ich wurde von ihnen respektvoll behandelt, und, zumindest in der Schule, weder ausgegrenzt, noch anders behandelt und dafür bin ich sehr dankbar.

Genau so sollte eine Schule auch funktionieren, denn sie sollte niemals ein Ort der Ausgrenzung und der Kategorisierung sein.

Jetzt ist also schon fast ein Jahr vergangen, seit ich wieder in die Schule zurück gegangen bin, doch blieb es nicht bei der einen Schulschließung oder bei dem einen oder anderen Onlineunterricht. Vieles war anders, herausfordernd und ganz sicher nicht einfach. Vieles funktionierte nicht wie gewohnt und viel Unterricht entfiel und somit auch die Zeit und Möglichkeit, sich adäquat auf das Abitur vorzubereiten.

Die ganze Kursstufe hindurch war eine Herausforderung, doch bringen Herausforderungen auch Gutes. Die Digitalisierung schritt in einem Hauruck in ganz Deutschland voran, man lernte die Freiheiten schätzen und lernte das Glück in den kleinen Dingen zu sehen.

»Man lernte die Freiheiten schätzen und lernte das Glück in den kleinen Dingen zu sehen.«

Mir zeigte es, wem ich wirklich nahestehe, auf wen ich mich wirklich verlassen kann und, dass die kleinen Dinge, wie einen lieben Menschen zu treffen, wirklich das Wertvolle im Leben sind. Natürlich hat uns Jugendlichen/jungen Erwachsenen die ganze

Situation auch sehr viel genommen. Einige konnten ihren 18. Geburtstag nicht feiern, waren noch nie in Clubs oder haben nicht das erlebt, was man als (fast) erwachsener, junger Mensch erleben möchte.

Auch in der Schule konnten wir einiges, das eigentlich zur Kursstufe dazu gehört, wie zum Beispiel eine Studienfahrt, nicht machen. Auch ob wir einen Abiball haben können, ist bisher auch noch unklar und dieser wäre in einem Monat.

Also wie man sieht, gibt es viel Ungewissheit, viele Fragen und wenige Antworten.

Zurzeit ist es aber so, dass zweimal in der Woche getestet wird, ob man positiv oder negativ ist, zudem gilt nur noch Maskenpflicht in den Gängen des Schulgebäudes.

Das ist eine große Veränderung, denn seit circa einem Jahr, musste die Maske immer und überall auf dem Schulgelände getragen werden, ausgenommen beim Essen und Trinken natürlich.

Dies wurde möglich, da die Inzidenz stark sank und das Risiko einer Ansteckung dadurch deutlich geringer wurde.

Das verrückte an dieser Zeit ist, dass niemand weiß, ob die Regelung morgen noch aktuell ist.

Natürlich ist die Pandemie noch lange nicht vorbei – oder vielleicht doch schneller, als ich denke?

Die Situation ist genauso unvorhersehbar, wie schon zu Beginn der Pandemie.

Wie es auch immer sein wird, wirklich etwas tun kann man nicht, außer zu verstehen, dass die meisten Personen immer versuchen, die Situation zu meistern. Es mag uns manchmal nicht genug erscheinen und manchmal ist es das auch sicher nicht, aber ich denke, jeder versucht im Rahmen seines Möglichen, das Beste aus dem Ganzen zu machen.

Für jeden ist es schwer und jeder muss sich anderen Herausforderungen stellen.

Das Einzige, das momentan wirklich hilft, ist Geduld und Zuversicht, denn anders würde ich persönlich verrückt werden.

3

Hast du Zeit?

7-Tage-Inzidenz

Die Inzidenz zeigt, wie viele Menschen über einen bestimmten Zeitraum hinweg neu erkrankt sind. Man könnte den Inzidenzwert auch Neuerkrankungsrate nennen. Das Robert Koch-Institut (RKI) definiert die Inzidenz wie folgt: »…Die Inzidenz beschreibt Mengen von Zugängen (Inzidenzfälle) in einen Bestand von Kranken/Betroffenen (Prävalenz).« Inzidenzfälle sind Personen, die in einem bestimmten Zeitraum in einer Bevölkerung von einem gesunden Zustand in einen kranken Zustand wechseln, so das RKI weiter.

Während der Corona-Pandemie wird die 7-Tage-Inzidenz betrachtet. Das heißt, wie viele Menschen haben sich pro 100.000 Einwohner in den vergangenen 7 Tagen mit Corona angesteckt.

https://www.br.de/radio/bayern1/r-wert-100.html

Meine Familie im Lockdown

Mai 2021

In einer sechsköpfigen Familie zu leben ist das Beste, was ich mir vorstellen kann. Du hast immer jemanden, mit dem du reden, lachen oder streiten kannst. Du hast immer Leute in deiner Nähe, die dich lieb haben und wertschätzen. Aber, dass du eigentlich nie alleine bist, kann im Lockdown echt nerven. Du bist frustriert, alles ist doof, und dann hast du obendrein kein Zimmer, in dem nicht schon jemand anderes ist. Wenn die Familie die einzigen Personen sind, mit denen du redest, dann sind sie logischerweise auch die einzigen, mit denen du dich streitest oder an denen du deine Frustration rauslässt. Aber andererseits: Du bist frustriert, alles ist doof, aber deine Schwester kommt und hört mit dir Musik und bringt dich zum Lachen. Am Ende des Tages spielst du mit deiner Familie ein Gesellschaftsspiel und alles ist gut. Gerade weil man in dieser Zeit ununterbrochen zusammen ist, kann dies eine gute Chance sein, als Familie zusammenzuwachsen und einander den Rücken zu stärken. Natürlich wird der Zusammenhalt auch auf die Probe gestellt, aber ich weiß einfach, dass ich diese Art der Gemeinschaft vermissen werde, sobald alles wieder normal ist.

In meiner Familie bringt jeder seine eigenen Ansprüche und Bedürfnisse ein. Und ganz ehrlich, ich hätte auch nie gedacht, dass rausgehen oder Freunde treffen jemals nicht erlaubt sein würde. Aber alle bemühen sich um Nachsicht, um Rücksicht und das bietet einfach einen Raum, in dem wir über alle Probleme reden können und in dem jeder Unterstützung erfährt! Es hat definitiv gebraucht, bis sich jedes Familienmitglied daran gewöhnt hat, aber mittlerweile sind wir ein eingespieltes Team: Jeder hilft, da wo er kann und tröstet jemanden oder lenkt jemanden ab. Und trotzdem, es ist manchmal unerträglich zu sehen, wie meine kleine Schwester ihr erstes Schuljahr an einer weiterführenden Schule überhaupt

»Du bist frustriert, alles ist doof, und dann hast du obendrein kein Zimmer, in dem nicht schon jemand anderes ist.«

nicht so erleben kann, wie sie es sich vorgestellt hat. Oder meine große Schwester, die ihre Freunde aus dem Internat nicht so häufig sehen kann. Oder mein Bruder, der im ersten Semester studiert und all die schönen Dinge des Studiums nicht erfährt. Und meine Eltern. Sie bemühen sich so sehr, den Beruf und das Privatleben auszugleichen und jedem genügend Zeit und Aufmerksamkeit zu geben. Aber es zerrt so unglaublich stark an den Nerven, wenn man nicht mal Licht am Ende des Tunnels sieht. Wenn der Lockdown immer weiter verlängert wird, und man sich nichts mehr als die Normalität wünscht. Trotzdem verlieren wir in unserer Familie nicht den Halt. Wir kämpfen uns durch und in ein paar Jahren wird uns diese Zeit trotz allem in Erinnerung bleiben, als eine Zeit, in der wir als Familie stark zu-

»Aber es zerrt so unglaublich stark an den Nerven, wenn man nicht mal Licht am Ende des Tunnels sieht.«

sammengewachsen sind. Ich weiß auch, wie dankbar ich sein kann, dass wir einander haben.

Nach dieser Krise, allen Problemen und schlechten Tagen, die sie mit sich gebracht hat, können wir als Familie alles schaffen – sogar eine Pandemie! Aber bitte keine zweite!

Ausgetretene Pfade

Der Wecker klingelt, man steht auf, läuft ins Badezimmer und zieht sich an. Es ist 7:30 Uhr am Morgen und man verlässt das Haus, um denselben Weg in die Schule zu laufen wie seit sieben Jahren. Manchmal regnet es und der Nebel ist wie ein Stein, den man auf seinen Schultern trägt. In der Schule angekommen, hängt man die Jacke über den Stuhl – in Zeitlupe – und fängt an zuzuhören und zu lernen. Lernen, wie alle immer sagen. Für eine Zukunft, die ich vor lauter Nebel gar nicht sehe. Der Blick nach draußen gleicht einem Blick auf eine weiße Mauer. Man versucht zu atmen, aber etwas vor dem Gesicht verhindert einen tiefen Atemzug, der anschließend die ganze Luft aus dem Körper strömen ließe. Die Luft mit all den Gedanken aus dem letzten Jahr ausatmen. Die Luft, die gefüllt ist mit den ganzen Träumen, die hätten Realität werden sollen. Die ganze Verzweiflung gehen lassen, dass jeder Lockdown eine neue Chance hätte sein können, um frische Luft zu atmen. Luft, die einen hätte fliegen lassen können. Aber man trägt eine Maske. Eine Maske, die die Sorgen daran hindert, die Seele zu verlassen und einen dazu zwingt, jedes Mal aufs Neue dieselben Gedanken wieder einzuatmen. Im Kopf sind alle Atemzüge, mehr und immer mehr, die immer wieder aufs Neue sortiert werden müssen. So lange bis man kapituliert und sich neben die schwarze Wolke aus Gedanken legt. Sicher, es gab

»Eine Maske, die die Sorgen daran hindert, die Seele zu verlassen und einen dazu zwingt, jedes Mal aufs Neue dieselben Gedanken wieder einzuatmen.«

Momente, die sind wie kleine Sterne in der Nacht. Aber manche Sterne sind nicht hell genug und verblassen wie Erinnerungen, die man sich für Zeiten wie diese aufheben wollte. Es sind Nächte wie diese, in denen man die Freiheit vermisst. Die Freiheit, die man auf den Bergen hat. Die Felsen, die entscheiden können, ob man zurückkehren wird oder nicht. Der Wind, die Höhe, die einzigartige Natur – und ein Land namens Südtirol. Dort ist die Luft voller Ideen, Energie und Kraft. Der Kopf ist frei und voll von Sternen, die sogar am Tag hell leuchten. Alles wegen eines kleinen Landes auf unserer großen Welt, wegen den Bergen, den Tieren, den Leuten, den Städten, dem Geschmack und dem Geruch. Wenn mich jemand fragen würde, was der Freiheit gleicht, dann würde ich sagen, sie gleicht Südtirol. Der erste Schritt in der Natur und die Berge nehmen einem Stück für Stück die Steine von den Schultern, die den Weg bis dahin so schwer machten. Man kann gehen, laufen, atmen in seinem eigenen Rhythmus, der manchmal scheint, als sei er der Herzschlag der Natur. Die kleinen Steine, die unter den Füßen knirschen, und das Wasser, das zu hören ist – das muss das Paradies sein.

Aber nach und nach kommt die Nacht zurück und die Erinnerung wird zu einem kleinen Stern inmitten von verlorenen Träumen. Manchmal kann ich die Alpen sehen, wenn ich mit meinem Fahrrad draußen bin. Manchmal kann ich meine Freiheit ohne Grenzen sehen. Und manchmal mache ich eine Pause. Dann höre ich auf zu treten, um zu atmen. Um die Gedanken in meinem Kopf hinausströmen zu lassen, sie einfach zu vergessen. Sie verlassen mich zwar nur selten, aber auf meinem Fahrrad mit einem Ausblick wie diesem, einem Ausblick in Richtung Unendlichkeit, kann eine Träne die Nacht etwas heller machen.

»Manchmal kann ich meine Freiheit ohne Grenzen sehen.«

Die Corona-Routine

Corona ist für jeden von uns schwer zu bewältigen und vor allem schränkt es unseren Alltag in jeglichem Sinne ein. Eigentlich gehe ich gar nicht mehr zum Kepi, sondern bleibe jeden Tag zu Hause und muss meine Arbeitsaufträge selbstständig erledigen. Es geht jedoch jedem so. Das, was man sich seit so vielen Jahren sehnlich gewünscht hat, wurde jedoch zu meinem Wahnsinn und schließlich auch zu meinem Feind. Ein Feind, dem sich jeder zurzeit stellen muss. Ich muss zugeben, dass ich natürlich am Anfang anders gedacht hatte. Ich weiß genau, als ich mit meinem Vater von der Schulschließung redete und er gesagt hat: »Die Schulen werden

höchstwahrscheinlich schließen, weißt du das schon?«
Natürlich war ich in Bezug auf seine Behauptung sehr
skeptisch und konnte es ihm zunächst nicht glauben, jedoch was dann passiert ist, beeinflusst den Alltag und
das ganze Wirtschaftssystem bis heute noch. Ich hätte
nie mit so einem Ereignis in meinem Leben gerechnet.
Doch, wenn wir mal ehrlich sind, wer kann sich da schon
sicher sein? Jedoch habe ich jetzt auch was zu erzählen,
um vielleicht später meine Kinder ins
Staunen zu bringen, so wie meine Mutter es immer tut.

»Jedoch habe ich jetzt auch was zu erzählen, um vielleicht später meine Kinder ins Staunen zu bringen, so wie meine Mutter es immer tut.«

Mein Alltag ist mittlerweile eine eher
langweilige Routine geworden, die
sich ständig, seit mehreren Wochen,
im Kreis dreht: Aufstehen, Frühstücken, Arbeitsaufträge machen, Mittagessen, langweilen, langweilen und…
langweilen. Eine Möglichkeit um sich
abzulenken, ist, sich Tipps im Internet
gegen Langeweile zu suchen. Somit ist
mein ganzer Suchverlauf auf Google
voll mit: Tipps gegen Langeweile! Was kann man gegen
Langweile tun? Etc.

Natürlich ist mir auch nicht ständig langweilig. Ich
muss schließlich zu Hause für das Homeschooling bereit
sein und die Arbeitsaufträge meiner Lehrer bearbeiten.
Manchmal denke ich, dass es so viel ist, was ich zu tun
habe, obwohl es Arbeitsaufträge einer ganzen Woche
sind. Ich fühle mich oft gestresst, da ich natürlich auch

in dieser Corona-Pandemie immer noch gute Leistungen erbringen möchte und versuche, mich trotzdem auf den Unterricht zu konzentrieren, der jedoch eher schlecht stattfinden kann. Dann, wenn ich fertig bin mit den Aufgaben, habe ich das kurze Gefühl von Befreiung. Jedoch kommt schon der nächste Arbeitsauftrag in Chemie oder Spanisch… Ich bin aber sehr glücklich darüber, dass meine Lehrer mir Aufmerksamkeit schenken und sich Gedanken um mich machen. Ich finde das irgendwie voll süß. Ich kriege manchmal Nachrichten, in denen gefragt wird, wie es mir geht oder wie ich mit den Aufgaben zurechtkomme.

Abgesehen von meinem »Schulalltag«, bin ich natürlich auch eingeschränkt in meinem Sozialverhalten. Ich bin zwar als Einzelkind aufgewachsen und fühle mich auch wohl, wenn ich nicht von Menschen umringt bin, weil ich meine Privatsphäre brauche. Jedoch, egal wie sehr ich mich mit anderen Dingen beschäftige, fehlt mir der Kontakt zu meinen Freunden oder zu meinem anderen Teil der Familie. Der einzige oder wirkliche Kontakt, den ich habe, ist mit meiner Mutter, die ich wahrscheinlich innerhalb von fünf Jahren nie für so eine lange Zeit zu Hause gesehen habe. Das liegt daran, dass ich normalerweise in die Schule gehe und meine Mutter währenddessen in der Arbeit ist. Da wir jedoch so lange miteinander konfrontiert sind, fangen wir auch an über kleine Dinge zu streiten. Sei es die noch nicht ausgeräumte Spülmaschine, das Staubwischen oder die dreckige Wäsche.

Wir müssen jedoch alle dagegen ankommen. Manchmal frage ich mich, ob wir der Feind dieser Geschichte sind. Ich finde, dass unsere Bedürfnisse, Gefühle und Emotionen die Dinge sind, die dafür sorgen, dass wir Langeweile haben oder uns zu sehr gestresst fühlen oder gar überfordert. Die Coronakrise ist somit ein perfektes Beispiel, welches zeigt, wann wir Menschen an unser Limit kommen. Dauernd zu Hause zu sein, war nie mein Problem, jedoch wenn das Rausgehen dann plötzlich untersagt ist, gar gesetzlich verboten, habe ich auf einmal richtig große Lust, einen Spaziergang zu machen. Anscheinend mögen wir Menschen es, gegen Regeln oder Gesetze zu verstoßen. Ein weiterer Punkt ist, dass man auch nicht mehr »normal« einkaufen kann. Immer wenn ich mit meiner Mutter zusammen einkaufen gehe, habe ich das komische Gefühl, dass mich die Menschen im Supermarkt anstarren, wenn ich leicht erkältet aussehe oder plötzlich anfange zu husten.

»Die Coronakrise ist somit ein perfektes Beispiel, welches zeigt, wann wir Menschen an unser Limit kommen.«

Maßnahmen gegen das Coronavirus sind sehr wichtig, jedoch habe ich manchmal das Gefühl, die ganze Welt würde maßlos übertreiben. Manchmal sagt man, dass es wie eine normale Grippe sei, aber manchmal sagt man, es sei sehr gefährlich. Also, wie soll ich mich fühlen? Soll ich Angst haben? Es verdrängen? Oder soll ich mich paranoid verhalten und panisch durch die Gegend brettern? Ich glaube, dass viele dieses Problem haben und nicht genau wissen, wie sie sich in solch einer Situation zu verhalten haben. Manchmal fühlt man sich allein in dieser ganzen Zeit, jedoch merkt man gar nicht, wie auch andere Menschen zu Hause sitzen, um sich zusammenzureißen und stark zu bleiben.

Schließlich bin ich hier gelandet und habe mich dazu entschlossen, meine Eindrücke von dieser Coronakrise zu erläutern. Und vielleicht auch anderen Menschen, das Gefühl zu geben, nicht allein zu sein.

Wir müssen alle zusammenhalten und uns gegenseitig unterstützen, jedoch mit 1,5 Metern Abstand.

»Manchmal fühlt man sich allein in dieser ganzen Zeit, jedoch merkt man gar nicht, wie auch andere Menschen zu Hause sitzen, um sich zusammenzureißen und stark zu bleiben.«

Eine andere Art der Rettung

Eine Freundin von mir sagte mal: »Egal wo und egal was, ihr könnt Freunde werden!«

Dieser Spruch kam einfach so in einer simplen Unterhaltung, einfach aus dem Kontext gerissen. Obwohl danach drei Sekunden Stille war, in welcher sich jeder fragte, ob dieser Spruch jetzt mit Absicht in die Konversation geworfen worden war oder nicht, wurde einfach so weiter gesprochen, als ob nichts wäre. Auch ich sprach wieder, jedoch mit diesem Spruch im Kopf, den ich irgendwie nicht losbekommen habe. Und wenn ich jetzt hier sitze und diesen Bericht schreibe, weiß sie wahrscheinlich gar nicht, wie Recht sie doch hatte.

Ich glaube, ihr würdet mich für einen Psychopathen halten, wenn ich euch sagte, dass ich es geschafft habe, mich mit Büchern anzufreunden und sie mittlerweile Familie sind. Doch so ist es …

Ungefähr 2 Monate nach diesem Zwischenfall gingen wir in den ersten Lockdown. Und aus »Hey … sollen wir uns treffen?«, wird »Jo, Lust mal wieder zu telefonieren?« Und wenn man es dann mal geschafft hat, sich über Social Media zu unterhalten, dann auch nur so circa 1 Stunde in der Woche.

Freunde, Familie, die weiter weg wohnen, oder ganz einfach der Junge, den ich jeden Morgen sehe, wenn ich in die Schule laufe, wir alle haben uns nicht mehr gesehen.

Stichwort: Social Distancing.

Also, mein Alltag, der sonst eigentlich immer durchgeplant ist, verändert sich gewaltig! Ich steh' auf, wann ich will, hole mein Handy, erkundige mich bei meinen Freundinnen und Freunden, wie es geht und ob es etwas Neues in ihrem Leben gibt. Und jeden Tag bekommt man dieselbe Antwort zurück: »Mir geht's gut«, und »Nein!«. Danach frühstücke ich, auch wieder ganz gemütlich, schlendere wieder die Treppe hinauf, gehe ins Badezimmer und richte mich. Das heißt eigentlich einfach nur, von der einen Jogginghose in die andere. Jeans? Nein, die ist viel zu ungemütlich für Tage wie diese. Ich meine, ich sitze den ganzen

»Jeans? Nein, die ist viel zu ungemütlich für Tage wie diese.«

Tag alleine in meinem Zimmer rum, meistens an meinem Schreibtisch und vor meinem Laptop, um die Schulaufgaben für den jeweiligen Tag zu erledigen.

Irgendwie ist einem alles so vertraut, gleichzeitig aber komplett fremd. Ich meine, wir alle kennen diese Ferien, die wir eigentlich nur damit verbringen, entweder unsere GFS (Hausarbeit plus Präsentation) zu schreiben oder für irgendwelche Prüfungen zu lernen. Und genau so fühlt es sich eigentlich an.

Doch gleichzeitig verstecke ich mich in meinem Zimmer. Vor was? Das kann ich mir selbst nicht mal beantworten.

Also was mache ich den ganzen Tag?

Ja klar, Schule, ich ernähre mich auch und nicht zu vergessen, schlafe ich ziemlich viel. Doch was bleibt in den übrigen 6 Stunden?

Mittlerweile, im dritten?? Lockdown habe ich eine Antwort dafür. Mein Alltag hat sich kaum verändert, nur, dass das Lesen mein ständiger Begleiter wurde.

Ich lese schon mein ganzes Leben. Und man wird es mir wahrscheinlich nicht glauben, aber ich habe gefühlt schon in jedem einzelnen Genre meine Nase zwischen den Kapiteln gehabt. Egal, ob Romanze oder Autobiografie. Das Lesen machte mir schon immer Spaß. Doch wie Schule und das Älterwerden das Leben nun leider mal beeinflussen, hat man immer weniger Zeit, auch für solch simple Dinge. Also wurde aus dem wöchentlichen Bücherlesen über die Zeit daraus ein ab und zu mal ein paar Kapitel lesen. Zwar hat sich mein Bankkonto darüber gefreut, nur mein Geist wurde immer einfacher. Voltaire hatte absolut recht mit seinem Spruch: »Lesen stärkt die Seele.«

Und dann, während Corona, hat man auf einmal wieder Zeit.

Es hat mit einfachen Büchern oder besser gesagt Geschichten von No-Name-Autoren, die es in kostenlosen Apps im Internet gibt, angefangen.

Und was mit einfachen 30 Kapiteln Geschichten begonnen hat, endete mit einer Sucht: nach Büchern.

»Und dann, während Corona, hat man auf einmal wieder Zeit.«

Ich denke, nach einem Monat war es mir so egal, welches Genre ich gelesen habe. Klar, ich hatte Favoriten, jedoch, wenn du mir irgendein Buch über den Kalten Krieg gegeben hättest, hätte ich mich genauso darüber gefreut. Innerhalb von fast 6 Monaten, hat sich mein Zimmer in eine Mini-Bibliothek verwandelt.

Aber wie sagt man so schön: »Ich glaube, es ist eine Sucht, die keinem wehtut.« Naja, keinem, außer meinem Bankkonto.

Walt Disney sagte eins: »Es gibt mehr Schätze in Büchern als Piratenbeute auf der Schatzinsel … und das Beste ist, du kannst diesen Reichtum jeden Tag deines Lebens genießen.«

Und genauso habe ich gelebt. Ich habe jede einzelne Geschichte genossen.

Doch warum mache ich um das Lesen jetzt ein großes Drama?

Ich glaube, das Buch hindurch hat man gemerkt, wie eintönig doch unser Alltag geworden ist. Ich beschreibe es gerne als eine große graue Blase, aus der wir nicht rauskommen.

Warum grau? Weil grau die Farbmischung aus Schwarz und Weiß ist. Schlecht und gut. Manch einer fragt sich jetzt, was ist bitte an einer Pandemie gut?

Die Antwort ist: Das muss jeder für sich definieren.

In einem Kapitel ist es das Programmieren, das durch die Einsamkeit und die Langeweile hilft. Oder das Backen. Und bei mir ist es das Lesen.

»Wie eintönig doch unser Alltag geworden ist.«

Nur kurz, wenn es auch nur ein paar Kapitel sind, um in eine andere Welt, eine andere Zeit oder gar ein anderes Universum zu verschwinden und dieses Abenteuer zu erleben, kann es einem helfen, dem Lagerkoller zu entgehen.

Und ich weiß, dass ich nicht die Einzige bin, die so gefühlt hat.

Viele kennen vielleicht die App TikTok. Eine App, die den Zweck hat, zu unterhalten. Doch in dieser App hat sich ein weiteres »Kapitel« aufgemacht: BookTok.

Überall auf der Welt, wo es Internet gibt, haben sich Leute, die es genau so lieben zu lesen, über Bücher unterhalten, vorgestellt und empfohlen.

Ein Buchclub – für die ganze Welt zugänglich.

Oder ein anderes Beispiel wäre die App Goodreads. Vor Corona kannte man sie, aber sie war unter Lesern nicht so beliebt. Goodreads ist eine App, die für dich nach deinem Geschmack Bücher empfiehlt, die dir über deine Lieblingsautoren berichtet oder mit der du Bücher einkaufen kannst. Durch ihre monatlichen Top-Rankings inzwischen ein absoluter Favorit von mir.

»Und lesen, das hilft.«

Und durch die Corona-Pandemie mittlerweile eine absolute Muss-App für jeden Leser.

Wir haben es geschafft in wenigen Monaten eine Community aufzubauen, allein aus einem einfachen simplen Hobby, welches wir alle lieben.

Und durch diese Community, sei es durch BookTok oder die neuen Posts auf Goodreads, schaffte man eine kleine Ablenkung in ein anderes Universum des Denkens.

Denn wir alle suchten einen Ausweg aus dieser nie zu Ende scheinenden Pandemie. Und lesen, das hilft.

Sarah J. Maas nahm einen mit nach Terrasan, Velaris oder Crescent City. Durch Leigh Bardugo verliebte man sich jedes Mal in Kaz Brekker oder Nikolai Lantsov. Durch Jennifer L. Armentrout lernte man mit Casteel, was Liebe ist. Juliette aus »Shatter me« half einem zu lernen, dass es okay ist anders zu sein und man sich nicht schämen sollte. Durch »Royal Blue« von Casaey McQuinston, verstand man, dass es egal ist, wen man liebt oder durch »They Both die at the end«, dass das Leben zu wertvoll ist und man es nicht langweilig leben sollte, sondern jeden Tag oder jede Minute ein neues Abenteuer auf einen wartet.

- Video tovtorias
- Čovid 19
  - sars - CoV- 2
  - Corona - Virus
  - Video konferenzen
  - Calethenics
  - dRINNEN
  - Pandemiewelle
  - 7 Tage - Inzidenz

4

I covid it

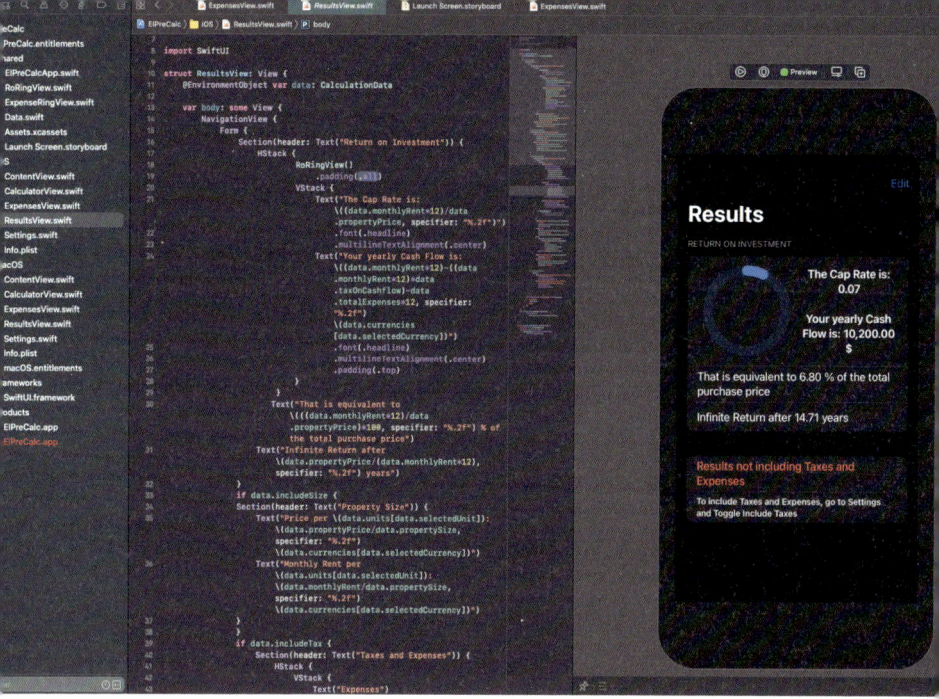

Verbesserung ist immer gut

Das Erlernen neuer Fähigkeiten sowie das Verbessern des bereits Erlerntem war für mich persönlich ein großer Teil des Lockdowns. Ich habe meine Programmierkenntnisse verbessert und ausgeweitet. Es war für mich super, da ich mich nicht langweilen musste und dabei eine wichtige Fertigkeit für die Zukunft erlernen konnte.

Passend zu meiner Fähigkeitsverbesserung fand auch während des Lockdowns die World Wide Developers Conference online statt, ein zusätzliches Event, von dem ich unheimlich profitieren konnte. Dort werden die Software-Neuigkeiten sowie Änderungen an der Programmiersprache angekündigt und mit Videotutorials das Erlernen der neuen Funktionen erleichtert.

Eines meiner Highlights in 2021!

Es war einmal und ist nicht mehr

Alles begann hiermit:

Unserem letzten offiziellen Basketballturnier. Damals hatten wir zu fünft beide Spiele gegen die Jungenmann- schaften gewonnen. Ach, wie gerne würde ich diesen Tag noch einmal erleben … Noch einmal das Gefühl haben, einen Punkt zu machen, gemeinsam zu jubeln, sich ge- meinsam über die Gegner aufregen oder sich vielleicht auch nur in der Pause die Brezel vom Bäcker zu teilen. Alles, was mir damals so normal vorkam, war von einem auf den andren Tag weg. Natürlich nicht wirklich »von einem auf den anderen Tag«. Aber dennoch ging alles ganz schnell. Im Januar hatte man das erste Mal von

107

Covid-19 beziehungsweise SARS-CoV-2 gehört. Doch man ging wieder einmal davon aus, dass dies nur eine Epidemie in China oder vielleicht noch in anderen asiatischen Ländern sei. Niemand machte sich Sorgen, dass das neuartige Coronavirus auch unseren Alltag bestimmen würde.

Doch jetzt gehört Corona zu meinem Alltag. Eine oder besser zwei Sachen wurde ich schon öfter in der Corona-Pandemie gefragt: Was habe ich in der Corona-Zeit genossen und was habe ich vermisst?

»Alles, was mir damals so normal vorkam, war von einem auf den andren Tag weg.«

Da ich in den vielen langen und kurzen Lockdowns vielen Hobbys nicht nachgehen konnte, habe ich meine Prioritäten auf Aktivitäten gelegt, die man alleine machen kann. Dazu gehört backen. Und ich habe wirklich viel gebacken. Und damit meine ich sehr viel …

Egal zu welchen Veranstaltungen, ich habe immer etwas gebacken. Ob zum Mutter- oder Vatertag, Geburtstagen oder wenn ich zu meinen Großeltern gefahren bin.

Aber ich habe mich auch sportlich betätigt. Dazu zählte Krafttraining, Basketball spielen, Joggen gehen oder Fahrrad fahren. Einerseits wollte ich mich athletisch fit halten, doch es ging mir auch um Muskelaufbau und Basketballtechniken. Den Sport habe ich meist alleine gemacht. Doch ich habe auch über Videokonferenzen mit meinen Mitspielerinnen trainiert. Andererseits musste ich mich auch an schlechten Tagen beschäftigen, wenn ich nicht trainiert habe. So habe ich angefangen die You-Tube-Videos von Terra X, Lesch Kosmos, Quarks und Mai-Thi Nguyen Kim anzusehen. Mai-Thi Nguyen Kim macht lustige Wissenschaftsvideos. Auch die anderen Kanäle informieren über den aktuellen Stand der Wissenschaft. Meist habe ich dann Themen angesehen, die nichts mit Corona zu tun hatten. Man kann ja nicht den ganzen Tag über Corona nachdenken. So weiß ich jetzt einiges über das Universum, wie die Dunkle Materie und Energie, schwarze Löcher, das Fermi-Paradoxon oder das Leben eines Astronauten. Aber auch Verschwörungstheorien, die innere Uhr und Genmanipulation mit CRISPR/Cas9, etc. sind mir jetzt bekannte Begriffe. Am besten gefallen mir von Mai-Thi Nguyen Kim die Videos zur »dunklen Triade« und »Tragödie des Gemeinguts«. Bei der dunklen Triade spricht sie von Narzissmus, Machiavellismus und Psychopathie. Sie erklärt die Verhaltensweise von Menschen mit diesen Charakterzügen gegenüber ihren Mitmenschen. Am Ende kann man sogar selbst einen Test zu den drei Kategorien machen, um zu sehen, wie stark die Neigung zu einer krankhaften Einstufung ist.

Bei dem Thema: »Tragödie des Gemeinguts« geht es mehr um das soziale Dilemma in einer Gesellschaft. Dabei ist die Kooperation zwischen Menschen gescheitert, da ein oder mehrere Menschen keine Rücksicht auf das allgemeine Interesse nimmt beziehungsweise nehmen. Man erkennt diese Situation bei dem Öffentlichen-Güter-Spiel. Dabei muss jeder Mitspieler einen Euro in den Topf werfen und am Ende wird das gesamte Geld verdoppelt und wieder gleichmäßig verteilt. Wenn jemand seinen Euro nicht in den Topf wirft, wird auch an ihn das Geld ausgegeben. Dabei erzielt er kurzfristig einen Gewinn. Allerdings lassen das die anderen Spieler nicht lange zu. Es werden immer weniger ihren Euro abgeben, bis letztendlich keiner mehr einzahlt. Dann wird das Spiel beendet. Bei jedem Spieler endet das Spiel im Scheitern, da irgendjemand anfängt, egoistisch zu handeln.

Dieses Verhalten ist in jedem Bereich des Gemeinwesens zu erkennen. Egal ob Straßen, Strand, öffentliche Toiletten, eine WG-Küche oder der Klimaschutz. Um das Ganze auf die Corona-Pandemie zu beziehen. Auch bei der Impfung scheitert unsere Solidarität. Wer hätte es anders vermutet…

Entdeckungen im Lockdown

Und, habt ihr durch das Bild schon Hunger bekommen?

Eines der schönsten Sachen, die ich in dieser Zeit auch gelernt habe, ist zu backen und zu kochen. Dabei ist mir klar geworden, wie wichtig es ist, Kochen zu können. Allein, weil eine ausgewogene Ernährung erstens wichtig und zweitens lecker ist. Ich stehe zwar länger in der Küche, aber dafür habe ich am Ende ein wunderschönes Ergebnis. Dabei finde ich, macht es auch sehr viel Spaß, Neues auszuprobieren und einfach nach Gefühl zu backen.

Davor war es meist zu stressig sich auf solche Sachen zu konzentrieren. Ich hatte Schule, jetzt natürlich auch noch, jedoch ist es trotzdem einfacher, da einem zum Beispiel der Schulweg erspart bleibt. Ich bin einfach gleich zu Hause und kann nach dem Unterricht oder auch in den Pausen anfangen. Davor bin ich oft nach Hause gekommen, habe Aufgaben erledigt und bin dann zu müde gewesen, um noch etwas anderes zu erledigen. Das Kochen und Backen ist ein Ausgleich zum Homeschooling. Beispielsweise bekomme ich starke Kopfschmerzen, wenn ich zu lange am Laptop arbeite, da hilft mir das Werkeln in der Küche, diese zu reduzieren.

Eine absolute Win-win-Situation – der perfekte Ausgleich und leckeres Essen!

Stereotype Verhaltensweisen

Manchmal muss man Stereotypen heranziehen, um die Welt zu verstehen. Mir helfen sie, um die Auswirkungen des Lockdowns zu erschließen.

In der Zeit des Corona-Lockdowns entwickelten sich meiner Meinung nach zwei stereotype Verhaltensweisen. Erstens die »Couch Potatoes«, dieser Typ hockt nur auf dem Sofa und »binged« Serien auf Netflix oder auf Prime durch. Zweitens der »No pain no gain«-Stereotyp, der die Zeit investiert hat, um zum Beispiel eine bekannte Sportart zu vertiefen oder eine neue anzufangen. Ich persönlich gehöre zu den letzteren und habe die Sportart »Calisthenics« angefangen. Das Wort Calisthenics kommt von den altgriechischen Wörtern kalós (καλός), was »schön« bedeutet und sthenos (σθένος), welches »Kraft« bedeutet. Ich habe mit einfachen Übungen angefangen, wie zum Beispiel Push-ups. Am Anfang konnte ich höchstens 10 bis 15 Stück auf einmal, aber nachdem ich jetzt schon genau ein Jahr Calisthenics mache, bekomme ich zuverlässig 40 bis 50 Push-ups auf einmal hin. Das Gute daran ist, dass man alle grundgelegenden Übungen daheim und ohne Geräte machen kann. Man kann zum Beispiel Pull-ups an einem breiten Türrahmen machen.

Die arme Tür.

Die Professionalisierung der Gesellschaft

Heutzutage scheint die Welt, in manchen Augen, nach drinnen verlegt worden zu sein. Jeden Tag sitzt man am Computer, ob in der Arbeit, beim Treffen mit Freunden oder auch zum Homeschooling. Ein Wort, das vor allem Schüler wie ich, allzu oft hören. Umso wichtiger, aber dennoch umso schwieriger, gestaltet sich der Weg ins Freie. Doch viele Menschen treibt es trotzdem, auch wegen des guten Wetters, das im Sommer und auch gerade, als ich das hier schreibe, zu sehen ist, nach draußen. Mit der Zeit sucht man sich, jeder für sich selbst, was man in der Natur am besten draußen machen kann. Meist etwas, was man sowieso schon macht und so kommt es, dass viele Leute ihre Fähigkeiten – beim Joggen, Wandern, Klettern (soweit es geht), Fahrrad fahren und so weiter ausbauen. Radeln, das habe ich für mich gewählt. Wenn ich früher, vor der Pandemie, alle zwei Wochen 30 Kilometer und ein paar Mal zum Einkaufscenter in der Nähe gefahren bin, dann fahre ich jetzt pro Tag mindestens 20 Kilometer. Wenn eine lange Fahrradtour früher 30 Kilometer lang war, dann sind es jetzt über 100 Kilometer. Man lernt den Sport auf eine ganz andere, intensivere Art kennen, beschäftigt sich mehr mit ihm und setzt sich mehr damit auseinander. Vor allem in der ersten Pandemiewelle, in der noch nicht so viel organisiert gewesen ist und wir Schüler jede Woche, in jedem Fach, eine E-Mail mit einem oder mehreren Blättern bekommen haben, die wir dann bis zum Ende der Woche erledigt haben mussten, uns aber selbst aussuchen durften, wann in der Woche wir diese machten, hatte man oft mehr Freizeit und konnte so auch viel Zeit in den Sport stecken. Während eines Wettbewerbs im Mai und Juni 2020, namens Stadtradeln, gelang es mir, auch durch diese Freizeit, 1076 Kilometer in drei Wochen zu fahren. Die Pandemie macht fast alles irgendwie besser. Ob es nun die Sportarten sind, die man macht, oder auch das Vokabel-Wissen, was zum Beispiel eine 7-Tage-Inzidenz ist. Ob es die Weiterbildung bei der Benutzung von Computern ist, oder die Zeit, in der man nachdenkt, über alles,

»Die Pandemie macht fast alles irgendwie besser.«

was einem gerade einfällt, genau, wie ich es gerade für euch in der Zukunft mache. Ich denke, aus dieser Pandemie hat jeder etwas mitgenommen, sowohl Gutes als auch Schlechtes.

Doch man kommt mit ein bisschen Optimismus durch alles durch.

Eine neue Welt

Durch Corona wurde uns Zeit für Erlebnisse und mögliche Erinnerungen daran weggenommen. Ich habe mittlerweile zwei Geburtstage während der Pandemie verbracht, wie die meisten. Es fühlt sich irreal an und man fühlt sich betrogen. So viele potenzielle Erfahrungen wurden uns geraubt. Der Kontakt mit geliebten Personen wurde eingeschränkt. Vieles ist verloren gegangen, aber wir haben auch neue Erkenntnisse gewonnen. Für mich bestand eine der wenigen positiven Sachen zu Hause festzusitzen darin, es mir mit einem guten Buch gemütlich zu machen, insbesondere mit einem, das ermutigt, die Welt aus einer neuen Perspektive zu betrachten. Ein

Buch, das dir hilft aus der Stille und Einsamkeit zu entfliehen, in eine Welt mit unendlich vielen Möglichkeiten. Bei mir spielen Bücher eine wichtige Rolle. Mit jedem Buch kommen neue Erkenntnisse und Erinnerungen hinzu. Genau das sollte ein gutes Buch machen. Ein gutes Buch schafft Erinnerungen. Ein gutes Buch ermutigt dich, die Welt aus einer anderen Perspektive zu betrachten. Ich habe noch nie in meinem Leben so viel gelesen, wie in dieser Zeit. Ich bin mit einem Buch aufgewacht und mit einem anderen eingeschlafen. Mir ist klar geworden, dass ich in meinem Leben nicht alle Bücher, die ich will, lesen kann. Ich werde nie wissen, wie viele Bücher es gibt, die mich umhauen. Ich habe schrecklich wenig Zeit, um das herauszufinden.

»Ich bin mit einem Buch aufgewacht und mit einem anderen eingeschlafen.«

Was ich an Büchern absolut liebe, ist, wie sie die Norm der Gesellschaft verändern. Über viele »Tabu«-Themen wird in Büchern offener gesprochen, als in der realen Welt. Man wird mit Problemen vertraut und kann sie so besser verstehen. Wörter verändern eine Person und ein gutes Buch lässt dich tausend Mal sterben bis zum Ende. Das Ende ist so eine Sache, man kann es nicht erwarten, aber wenn es kommt, will man die Zeit zurückdrehen. Eine Autorin, deren Bücher ich erst kürzlich lieb gewonnen habe, ist Madeline Miller. Sie gehört zu einer der besten Autor:innen unserer Zeit. Ihre Bücher sind nicht die spannendsten und ihre Charaktere gehören nicht zu meinen liebsten. Aber ihre Art zu schreiben, ist unvergleichlich. Sie ist eine der Autor:innen, die es dir unmöglich macht, nicht in ihren Geschichten einzutauchen. Ich wusste nicht mal, dass es so viele Wörter gibt, um etwas zu beschreiben. Ich liebe Spannung, aber es hat mir gezeigt, dass eine übertriebene Spannung oder ein Plot-Twist, den keiner erwarten würde, nicht so wichtig sind, wie der Schreibstil. Ein solches Buch ist »The Song of Achilles«, eine Geschichte gleichermaßen herzzerreißend, bezaubernd und fesselnd. Als ich von dem Buch gehört habe, war ich mir über eine Sache im Klaren: Das Buch würde in meinen Bücherschatz übergehen. Die Romanze erzählt die Geschichte von Achilles, einem der größten Helden in der griechischen Mythologie, aus der Perspektive seines besten Freundes Patroculus.

Ich bin ein großer Fan von Buchverfilmungen, vielleicht wird das Buch ja auch verfilmt, dann schau ich den Film im nächsten Lockdown an.

Aber wie wir alle wissen, sind die Verfilmungen meistens schlechter als das Buch! Und einen weiteren Lockdown braucht wohl auch keiner – aber wenn er doch kommt, dann nur mit einem guten Buch.

Und in welcher Zeit liest du unser Buch?

Über das Projekt

Woran werden wir uns in 20 Jahren noch erinnern, wenn wir an die Jahre 2020/2021 zurückblicken werden?

Diese Frage haben sich die Mitglieder der Geschichts-AG des Johannes-Kepler-Gymnasiums in Reutlingen gestellt und dabei ihre Rolle als zukünftige Zeitzeug:innen wahrgenommen.

Das nun entstandene Buch soll einen Einblick geben in das Leben derer, die während des Corona-Lockdowns am wenigsten gehört wurden: Kinder und Jugendliche. Die Schüler:innen der 7. bis 12. Klasse haben ihre ganz persönliche Sicht auf diese Zeit niedergeschrieben, damit sich in vielen Jahren auch andere, die dann in ihrem Alter sein werden, ein Bild von dieser Zeit machen können.

Das Buch beleuchtet mehrere Bereiche des Lebensalltags der Schüler:innen: das öffentliche Leben, den Schul- und Freizeitbereich, die dazugewonnenen und verlorenen Fähigkeiten.

Es gibt sehr persönliche Einblicke in diese Zeit, die uns allen viel abverlangt hat.

Entstanden sind über 20 Texte teilweise unterlegt mit eigenen Bildern.

Liebe Leserinnen und Leser,

mit 2020 hat eine Zeit begonnen, wie wir sie bisher so noch nicht erlebt haben. Eine Zeit, geprägt von einem Wort: Covid-19.

Die pandemische Verbreitung dieser Krankheit bestimmt seit März 2020 unser Leben mit all den diversen Einschränkungen und Lockdowns. Vor allem unsere jüngere Generation trifft diese Einschränkungen hart, denn ein »normales« Aufwachsen mit Schule, mit Freunden und mit Hobbys, Sport, Freizeit und Kultur ist von nun an nicht mehr in der gewohnten Weise möglich.

Umso größer ist der Respekt, den ich den Schülerinnen und Schülern entgegenbringe. Sie verdienen unsere Hochachtung davor, wie sie ihr Leben seitdem meistern. Es ist sehr schwer vorstellbar was sie erleben und durchleben müssen, an Herausforderungen und massiven Änderungen ihres persönlichen und schulischen Alltags. Zudem könnte zuweilen auch nicht selten der Eindruck entstehen, dass die in der Schul- und Ausbildung befindliche Generation, einschließlich der Hochschulen, bei so manchen politischen Maßnahmen gegen die Pandemie und ihre Auswirkungen etwas vergessen wird. Wir dürfen aber auch nicht ihre Familien vergessen. Und auch den Lehrerinnen und Lehrern gilt unsere hohe Anerkennung dafür, wie sie ihr Allermöglichstes geben, um die Kinder und Jugendlichen durch diese schwere Zeit zu führen.

Als ehemaliger Schüler und Schulsprecher des Johannes-Kepler-Gymnasiums, fühle ich mich noch immer sehr mit dieser Schule – eine Institution in Reutlingen – verbunden, mit vielen großartigen und dankbaren Erinnerungen.

Mit diesem Buch hat die Geschichte-AG des Kepis wahrlich ein Denkmal und eine Erinnerung für eine ganze Generation geschaffen, das uns nicht nur die schwierigen Umstände, mit denen unsere Jugend in dieser Zeit zu kämpfen hat, verdeutlicht, sondern auch zeigt, wie wichtig es ist weiter positiv zu denken. Dies ist mehr als vorbildlich, unterstützens- und anerkennenswert und setzt verpflichtend Maßstäbe.

Unter diesem Vorsatz wünsche ich uns allen, dass wir unsere Zuversicht für die Zukunft, den Mut und die Kraft nicht verlieren und uns unverändert optimistisch auch für die erfolgreiche Zukunft der jungen Generation in einer weniger polarisierenden Gesellschaft engagieren.

Ihnen allen möge dieses Buch anregenden Lesestoff, positive Impulse und Einblicke und Zugang zu den Erinnerungen unserer Autorinnen und Autoren bieten.

Bleiben Sie gesund, herzlichst, Ihr

V. Lehari J.

Valdo Lehari jr.
Verleger und Geschäftsführer
Oertel+SPÖRER Verlags-GmbH + Co. KG/Reutlinger General-Anzeiger Verlags-GmbH & Co. KG

Quellen

https://sozialministerium.baden-wuerttemberg.de/de/service/presse/pressemitteilung/pid/erste-bestaetigte-infektion-mit-dem-coronavirus-in-baden-wuerttemberg/

https://de.wikipedia.org/wiki/COVID-19-Pandemie

https://www.spiegel.de/wissenschaft/medizin/erster-corona-fall-in-deutschland-die-unglueckliche-reise-von-patientin-0-a-2096d364-dcd8-4ec8-98ca-7a8ca1d63524

https://www.tagesschau.de/faktenfinder/lockdown-103.html

https://www.researchgate.net/publication/263110963_Pravalenz_von_depressiver_Symptomatik_und_diagnostizierter_Depression_bei_Erwachsenen_in_Deutschland_Ergebnisse_der_Studie_zur_Gesundheit_Erwachsener_in_Deutschland_DEGS1

https://www.bundesgesundheitsministerium.de/themen/praevention/gesundheitsgefahren/depression.html

https://www.handelsblatt.com/politik/deutschland/staatsverschuldung-und-schuldenuhr-so-hoch-ist-die-staatsverschuldung-in-deutschland-2021/26273814.html?ticket=ST-599449-KLdDvOqpMBr0QDcpdEW6-cas01.example.org

https://www.iwkoeln.de/presse/pressemitteilungen/martin-beznoska-tobias-hentze-michael-huether-schuldenbremse-lockern-langsam-tilgen.html

https://www.tagesschau.de/wirtschaft/boerse/hedgefonds-singer-101.html

»Der Geist denkt, das Geld lenkt.« Zitat von Oswald Spengler aus seinem Buch Untergang des Abendlandes aus dem Jahre 1922

https://wm.baden-wuerttemberg.de/de/service/foerderprogramme-und-aufrufe/liste-foerderprogramme/stabilisierungshilfe-corona-fuer-das-hotel-und-gaststaettengewerbe/

https://www.nzz.ch/wirtschaft/die-lufthansa-wird-teilverstaatlicht-und-erhaelt-vom-bund-9-milliarden-euro-ld.1557741

https://www.swr.de/swr2/leben-und-gesellschaft/allesdichtmachen-53-schauspielerinnen-aetzen-gegen-corona-pandemiebekaempfung-100.html

Letzter Zugriff auf alle genannten Quellen: 9. 11. 2021

Umschlaggestaltung: PMP Agentur für Kommunikation,
Reutlingen
Titelfotos: © Geschichte-AG, Johannes-Kepler-Gymnasium,
Reutlingen
Layout: Luca Meurer
Lektorat: Almuth Ansorge, Dinah Fleury, Anne Ludwig,
Franka Meszaros
Korrektorat: Sabine Tochtermann
Bilder: © Geschichte-AG, Johannes-Kepler-Gymnasium,
Reutlingen
Satz und Repro: Uhl + Massopust, Aalen
Druck und Bindung: Grafisches Centrum Cuno, Calbe
ISBN 978-3-96555-105-3

Besuchen Sie uns im Internet unter
www.oertel-spoerer.de